Obermayr • Schmankerln aus dem Gemüsegarten

Helmut Obermayr (Hrsg.)

Schmankerln aus dem Gemüsegarten

G'schmackige Köstlichkeiten
aus heimischer Ernte

Die besten Rezepte aus dem Eferdinger Landl,
gesammelt von Puppinger Frauen

Redaktionelle Betreuung:
Marianne Obermair-Dieplinger
Gabriele Obermayr
Eva Maria Zinöcker

ORF OBER ÖSTERREICH
LANDESVERLAG

Die Auswahl und die Bearbeitung sowie die Zubereitung und das Anrichten der für den Bildteil notwendigen Gerichte besorgte Marianne Obermair-Dieplinger unter Mithilfe von Gabriele Obermayr.

Wir danken folgenden Eferdinger Firmen für ihre Mitarbeit:
Firma Krempke für das Geschirr,
Trachten Holzinger für die Tischwäsche,
Blumen Ingrid für die Tischdekorationen.

Die Farbfotografien wurden von Karl Gruber und Rudi Groisshammer, Fotoclub Eferding, angefertigt.

Die Mengenangaben beziehen sich auf ca. 4 Portionen. Abweichungen sind bei den jeweiligen Gerichten vermerkt.

Titelbild: Patisson, pikant gefüllt und im Rohr weichgedünstet; dazu passen am besten Paradeissoße und Kräutererdäpfel. (Rezept Seite 76)

Die Deutsche Bibliothek - CIP-Einheitsaufnahme
Schmankerln aus dem Gemüsegarten:
die besten Rezepte aus dem Eferdinger Landl,
gesammelt von Puppinger Frauen / Helmut Obermayr (Hrsg.)
- Linz: Landesverl., 1994
ISBN 3-85214-609-7
NE: Obermayr, Helmut (Hrsg.)

1. Auflage (1994)
Gedruckt in Österreich
Lektorat: Barbara Strobl
Illustrationen und Layout: Otto Kolano, Leonding
Offsetreproduktion: Krammer Repro, Linz
Satz, Druck, Bindung: LANDESVERLAG Druckservice Linz

ISBN 3-85214-609-7

Inhalt

Einleitung

Nunmehr liegt also der dritte Band des Schmankerl-Kochbuches vor. Allmählich wird dieses Radio-Oberösterreich-Kochbuch zu einem Standardwerk und zu einem umfassenden Überblick über die Küche unseres Landes.

Dieser Band unterscheidet sich freilich ganz wesentlich von den zwei anderen. Die Rezepte sind nicht nach einem Aufruf im Radio von den Hörerinnen und Hörern eingeschickt worden. Vielmehr stammen sie alle von Puppinger Frauen. Die Gemeinde Pupping im Eferdinger Becken feiert 1994 das 1000-Jahr-Jubiläum. Genau 1000 Jahre vorher, Ende Oktober 994, ist der hl. Wolfgang in der Gemeinde verstorben. Er wollte als Bischof von Regensburg noch einmal die zum Bistum gehörenden Güter im heutigen Oberösterreich besuchen. Während der damals sicher sehr beschwerlichen Fahrt auf der Donau verschlechterte sich sein Zustand so, daß er das Ende herannahen fühlte. Er ließ sich bei Pupping an Land bringen und verstarb hier.

Insofern verdanken wir also dem hl. Wolfgang, einem der ganz großen Heiligen unseres Landes, ein Kochbuch. Die Puppinger Frauen haben nämlich beschlossen, zum Gemeindejubiläum ihre Rezepte zu veröffentlichen. Zwölf von ihnen sind im Arbeitskreis „Gesunde Gemeinde" tätig. Dort haben sie auch festgestellt, daß es ein wesentlicher Beitrag zur Gesundheit sein könnte, wenn mehr Gemüse gegessen würde. Da nun das Eferdinger Landl, in dem Pupping liegt, seit jeher als der Gemüsegarten Oberösterreichs gilt, haben sie dafür wohl auch eine besondere fachliche Berechtigung vorzuweisen.

Außerdem haben die Damen aus Pupping beschlossen, daß ihre Arbeit über die Gemeinde hinaus wirksam werden solle. So sind sie an den VERITAS-VERLAG herangetreten, damit die Rezepte in einem eigenen Buch der breiten Öffentlichkeit zugänglich gemacht würden. Dort hat man wiederum erkannt, daß sich ein solches Kochbuch hervorragend in die Schmankerl-Serie einreihen würde, denn schließlich sollte man beim Essen nicht nur an die Gesundheit, sondern vor allem auch an den Wohlgeschmack denken.

Vier Puppinger Frauen haben sich um dieses Buch besonders verdient gemacht: Margit Bauer als Leiterin des Arbeitskreises „Gesunde Gemeinde", Gabriele Obermayr als besonders engagierte junge Gemüsebäuerin, Marianne Obermair-Dieplinger, eine der hervorragenden Fachfrauen für Ernährung in der Oberösterreichischen Landwirtschaftskammer, und Eva Maria Zinöcker, die sich um die Formulierung und Reinschrift der Rezepte bemüht hat. Auch die Fotos dieses Buches wurden in Eigenregie hergestellt. Der Photoclub Eferding mit Karl Gruber und Rudolf Groisshammer hat bewiesen, daß das Wort Amateur nicht mit fachlicher Schwäche, sondern mit besonderer Liebe zu einer Tätigkeit zusammenhängt.

Dieses Buch ist nicht jahreszeitlich gegliedert, es findet sich allerdings im Saisonkalender ein sehr guter Überblick, welche Gemüsearten zu welcher Jahreszeit frisch angeboten werden. Das Buch ist nach Gemüsefamilien unterteilt, innerhalb derer wiederum eine Gliederung in Vorspeisen, Hauptspeisen und Beilagen erfolgt.

Kräuter, die sowohl zur Gesundheit als auch zum Wohlgeschmack einen wichtigen Beitrag leisten und die erfreulicherweise auch von oberösterreichischen Bauern immer häufiger gezogen werden, sind in keinem eigenen Kapitel behandelt. Hinweise darauf finden sich jedoch in vielen Rezepten.

Als Herausgeber hatte ich die Aufgabe, über das Fachliche hinaus die Rezepte in allgemeine Betrachtungen über das Kochen, die Entwicklung der Kochkultur und in diesem Fall natürlich über die landwirtschaftlichen Grundlagen des Eferdinger Beckens einzubetten. Zusammen möge dies ein schmackhaftes Gemüsemenü ergeben.

Schmankerln aus dem Gemüsegarten

In den Küchen Oberösterreichs hat sich in den letzten zehn Jahren viel verändert. Manches ist zugegebenermaßen schlechter geworden. Darüber haben wir in den ersten zwei Bänden wohl ausreichend lamentiert. Trotzdem sei angemerkt, daß das zum Teil leider auch für das Gemüse gilt. Sehr vieles wird fertig in irgendeiner Form konserviert angeboten. Man braucht es auf dem Herd nur mehr zu erwärmen. Die Kreativität der Köchin oder des Koches besteht dann in der Frage, wieviel Salz oder Pfeffer man darüber streut.

Vieles ist aber in unseren Küchen auch besser geworden. Vor allem beim Zubereiten von Gemüse erlernen wir langsam eine Vielfalt, die vor zehn, zwanzig Jahren noch nicht vorstellbar war. Das Gemüse verliert seine klassische Rolle als Beilage. Es ist immer mehr zu einem beliebten Hauptgericht geworden, und diese Hauptgerichte heben sich von der traditionellen Zubereitung mit ihrer dicken Einbrenn wohltuend ab. Richtige Schmankerln sind daraus geworden.

Daß diese Schmankerln aus dem Gemüsegarten kommen, steht nicht zufällig im Titel unseres Buches. Von dort sind sie besonders frisch und daher besonders vitaminreich und gesund auf der einen, besonders wohlschmeckend auf der anderen Seite. Bei allem Bemühen um die Gesundheit wollen wir den Wohlgeschmack nie vergessen. Denn was nicht schmeckt, geht einem mit der Zeit auf die Nerven, mag es noch so gesund sein. Beim Gemüse genießen wir den großen Vorteil, daß das Wohlschmeckende meist ohnehin auch gesund ist.

Der Gemüsegarten Oberösterreichs

Viele Oberösterreicher freuen sich über ihren eigenen Garten, wo sie mit liebevoller Sorgfalt ihr eigenes Gemüse ziehen. Nicht alle sind freilich in der glücklichen Lage, auf einen solchen Garten zurückgreifen zu können. Darüber hinaus wird es auch kaum einem Gartenbesitzer möglich sein, jene mehr als 70 Gemüsesorten zu ziehen, die im Gemüsegarten Oberösterreichs, im Eferdinger Landl, wachsen. Mit diesem Gemüsegarten des Landes wollen wir uns eingangs etwas näher befassen. Das Eferdinger Becken ist das wichtigste der oberösterreichischen Gemüsebaugebiete. Rund 270 Bauern beschäftigen sich im Bezirk Eferding mit dem Gemüseanbau. In den letzten Jahren hat die Fläche, die für diese Art der Landwirtschaft genutzt wird, wieder zugenommen. Die

Tradition dieses Wirtschaftszweiges im Eferdinger Becken ist alt. So vorherrschend wie heute dürfte sie freilich in der Vergangenheit nicht gewesen sein. Erste Hinweise auf den Gemüsebau finden sich in den Aufzeichnungen der oberösterreichischen Klöster und Herrschaften aus dem 13. Jahrhundert. Dort ist festgehalten, wieviel Gemüse die Bauern den Grundherren abliefern mußten. Im 17. Jahrhundert wissen wir von Gurken, Kohlrabi, Roten Rüben, Karfiol u. a. Auch die Endivien, der Vogerlsalat, Kürbisse und Fisolen waren wohl bekannt. Die Erdäpfel dürften um etwa 1630 nach Oberösterreich gelangt sein. Im Eferdinger Becken ist der Erdäpfelanbau seit 1774 nachgewiesen.

Kraut und Erdäpfel waren dann auch lange Zeit die vorherrschenden Gemüsefrüchte. Zwiebel und Rüben, insbesondere Rote Rüben, werden ebenfalls schon seit langer Zeit in großem Ausmaß kultiviert. Recht vielfältig war dieser Gemüsegarten Oberösterreichs also in der Vergangenheit nicht.

Gurken und Wintersalat kamen in der Folge von den Eferdinger Bauern auf die oberösterreichischen Märkte. Ing. Karl Fasching, der langjährige Berater der Bezirksbauernkammer in Eferding und einer der führenden Gemüsefachleute des Landes, berichtet, daß nach dem 2. Weltkrieg verstärkt auch Endivien und Chinakohl sowie Sellerie, Spinat und Karotten gebaut wurden.

Bestimmend für den Gemüseanbau war lange Zeit die Erzeugung von Gemüsekonserven in der EFKO. Die Eferdinger Gurkeln sind ein Begriff. Sie sind übrigens die legitimen Nachfolger der Znaimer Gurken, die schon in der Monarchie weithin gerühmt wurden. Diese Gurken sind besonders klein und eignen sich deshalb in hervorragender Weise für die Konservierung als Essiggurkerln. Ein deutschsprechender Bauer aus der Umgebung von Znaim, der nach dem 2. Weltkrieg aus seiner Heimat flüchten mußte, hat das Geheimnis der kleinen Gurken nach Eferding mitgebracht und damit wohl eine wesentliche Grundlage für den Erfolg dieses Wirtschaftszweiges geschaffen.

In den letzten 5 Jahren hat sich im Gemüsegarten Oberösterreichs viel geändert. Etliche Gemüsebauern sehen ihr wirtschaftliches Heil nicht mehr ausschließlich in der Möglichkeit, Zwiebeln, Rote Rüben oder Gurken für die Konservenherstellung zu bauen. Der Anteil anderer Gemüsesorten steigt seither ständig.

Diese Entwicklung im Gemüseanbau entspricht auch einer Entwicklung in der Küche. Wahrscheinlich war der Wunsch der Konsumenten der Auslöser der Änderung im Gemüsebau. Sicherlich wird auch die Verbesserung des Angebotes von frischem Gemüse neue Nachfrage geschaffen haben.

Kraut und Erdäpfel

So wie in vielen Bereichen unseres Lebens geistert auch beim Thema Kochen und Essen das Märchen von der guten alten Zeit durch die Köpfe. Es ist und bleibt freilich ein Märchen. Es mag ja sein, daß in manchem wohlhabenden Bürgerhaus oder im reichen Herrschaftssitz eine besonders feine und auch abwechslungsreiche Küche gepflegt wurde. Der Großteil der Bevölkerung aber lebte sehr arm, was sich auch im Speisezettel ausdrückte. Das gilt auch für die Bauern, die ja in der Vergangenheit einen sehr großen Anteil der Bevölkerung stellten. Franz Maier-Bruck beschreibt in seinem Buch „Vom Essen auf dem Lande" den bäuerlichen Speisezettel der Vergangenheit. Fleisch kam selten auf den Tisch. Wie oft man es aß, war von der finanziellen Lage abhängig. Beim Gemüse kannte man aber im wesentlichen nur Kraut, Rüben und Erdäpfel. Sie stellten das Hauptnahrungsmittel der ärmeren Bevölkerung dar. Mit Mehl und Schmalz gestaltete man diese Kost möglichst kräftig. Das gilt übrigens für alle Landesteile.

Sehr eindrucksvoll beschreibt auch Roland Girtler, der aus Oberösterreich stammende Kultursoziologe, in seinem Buch „Aschenlauge" den Speisezettel der ersten Jahrzehnte unseres Jahrhunderts. Das Buch handelt von den Bergbauern und ihren Dienstboten in Girtlers Heimat Spital am Pyhrn. „Die bergbäuerliche Kultur, die durch eine gewisse Kargheit geprägt war, kannte Speisen, die billig waren und mit denen man das Hungergefühl weitgehend eindämmen konnte, dazu gehörte z. B. das Kraut. Kraut findet sich sehr oft in der Speisenabfolge, denn es wurde grundsätzlich dann vorgesetzt, wenn der ärgste Hunger schnell gestillt werden sollte. Das Kraut wurde dazu verwendet, den Magen zu füllen, wohl in der Hoffnung, daß der Appetit für die folgende, bessere Speise, von der meist nur wenig vorhanden war, verringert werde." Und ein alter Bergbauer erzählt in diesem Buch, Kraut habe man immer gegessen, während des ganzen Jahres, zu Mittag und auch zum Abendessen.

Wer also davon schwärmt, daß sich die Oberösterreicher in der Vergangenheit wesentlich gesünder und wohlschmeckender ernährt hätten als in der Gegenwart, der erzählt schlicht ein Märchen.

Die sanfte Schmankerlrevolution

Wie ein Märchen hat es geklungen, als vor einigen Jahren berichtet wurde, im Eferdinger Becken werde Spargel gezogen. Spargel, das hat den Hauch von Luxus, da denkt man an den Süden oder an besonders begünstigte Regionen in Deutschland. Aber dieses Märchen ist nicht erfunden, sondern wahr. Ing. Stefan Ledebur aus Gstocket hat sich daran gewagt, das bislang „exotische" Gemüse auch in unserer Gegend heimisch werden zu lassen. Eferdinger Spargel hat sich in kürzester Zeit zu einer gefragten Delikatesse entwickelt, auf die sowohl die Köche der feinen Restaurants in unserem Land als auch die daheim schmausenden Feinschmecker mit Sehnsucht warten.

Wie ein Märchen klingt es auch, daß in Pupping Melonen wachsen, doch auch dieses Märchen ist wahr. Die Liste der hier produzierten Gemüsearten umfaßt natürlich auch Zucchini, Broccoli, Sprossenkohl, viele verschiedene Blattsalate, wie Radicchio oder Vogerlsalat, Fenchel, Stangensellerie u. v. a. Über 70 Arten wachsen inzwischen auf den bäuerlichen Feldern, berichten die Puppinger Bäuerinnen stolz. Es ist nicht übertrieben, wenn man von einer sanften Schmankerlrevolution spricht.

Ganz wesentlich geändert wurden zunächst einmal die Produktionsmethoden. Folien oder Vliese, mit denen die Felder abgedeckt werden, sind eine Möglichkeit, die Anbau- und Erntezeit wesentlich zu verlängern. Aus Folien werden Tunnels oder Häuser gebaut, die eine noch weitere Ausdehnung ermöglichen. So ist es denkbar, in unseren Breiten von Juli bis Ende Oktober Paprika im Freien zu ernten. Vor 5 Jahren wäre das als reine Illusion bezeichnet worden. Im wesentlichen ist diese Revolution von den Frauen getragen worden. Selbstbewußt erzählen die Puppinger Bäuerinnen, daß sie ihre Männer oft mit sanftem Nachdruck dazu bringen müssen, einmal Neues selbst auszuprobieren, etwa zu essen, was sie bisher nicht gekannt haben. „Was der Bauer nicht kennt, das ißt er nicht" gilt nur mehr zum Teil. Die Bäuerinnen haben es den Bauern schon beigebracht und damit bislang Unbekanntes zu Bekanntem gemacht.

Freilich waren es wohl auch die wirtschaftlichen Verhältnisse, die zum Umdenken gezwungen haben. Von der Krise der Landwirtschaft in den traditionellen Zweigen ist überall die Rede. Der enorme Kosten- und Konkurrenzdruck gilt auch im traditionellen Gemüseanbau. So haben die Bauern von sich aus und mit intensiver Beratung und Schulung durch die Landwirtschaftskammer begonnen, sogenannte Marktnischen zu suchen. Sie haben sie im Gemüsegarten gefunden.

Schließlich aber kamen auch Anregungen von den Kunden der Bauern. In den südlichen Urlaubsländern kennt man ja wesentlich mehr Gemüsesorten als bei uns. Auch die Zubereitungsarten sind dort oft viel abwechslungsreicher. Was einem im Urlaub schmeckt, möchte man auch zu Hause nicht missen. Und so entstand im Lauf der Jahre eine Nachfrage nach Arten, die bei uns nicht bekannt waren.

Experimentierfreudige Bäuerinnen und Bauern stellten fest, daß diese Gemüsearten sehr wohl auch bei uns gedeihen, und begannen, sie auf die Märkte zu liefern.

Das ist ein weiterer Punkt der sanften Schmankerlrevolution: Wer nicht darauf angewiesen ist, an gewerbliche oder genossenschaftliche Großabnehmer zu liefern, kann meist einen wesentlich höheren Preis erzielen. Und so setzen sich immer mehr Bauern an bestimmten Tagen der Woche frühmorgens in ihren Lastwagen und transportieren das frisch geerntete Gemüse auf die Märkte in den Städten. Dort haben sie den direkten Kontakt zu den Konsumenten und können so auf deren Wünsche reagieren.

Die Revolution hat aber auch auf den Tellern stattgefunden. Die dicke Einbrenn ist kein unabdingbarer Bestandteil eines Gemüsegerichtes mehr. Wir sind nicht mehr darauf angewiesen, daß ein Essen möglichst lang satt hält, und auch die früher vorherrschende Meinung, Gemüse könne man nur dann essen, wenn es wenigstens etwas nach Speck schmeckt, gilt nicht mehr. Anregungen, diese Revolution auch in Ihrer Küche stattfinden zu lassen, finden Sie in diesem Buch mehr als genug.

Man müsse den Mut haben, das Gemüse in die Mitte des Tellers zu rücken und nicht am Rand zu lassen, betonen die Puppinger Bäuerinnen. Sie haben den Mut selbst bewiesen. Daß auch immer mehr Hausfrauen und Köche, Feinschmecker und gesundheitsbewußte Menschen diesen Mut haben, zeigen neueste Untersuchungen über die Ernährungsgewohnheiten. Unter den Aufsteigern sind Salate gefolgt von Gemüsespeisen die Spitzenreiter. Die sanfte Schmankerlrevolution ist voll im Gang.

Salate

„Jetzt haben wir den Salat", schrieb die Wirtin unseres kleinen Restaurants im ORF-Landesstudio am Linzer Europaplatz eines schönen Sommertages an die Tafel, auf der sie ihre Spezialitäten anzukündigen pflegt. Ich kann mir nicht erklären, woher die doppelte Bedeutung dieses Satzes kommt. „Jetzt haben wir den Salat", das kann ja bedeuten, daß ein ohnehin schon befürchtetes Ereignis eingetreten ist. Maria Zaunbauer hat uns freilich damit sagen wollen, daß ab sofort den größten Teil des Jahres über in unserer Kantine auch eine abwechslungsreiche Palette frischer Salate angeboten wird.

So manche Wirte von durchaus nicht billigen Restaurants könnten von diesem Salatbuffet lernen. Jedem von uns passiert es doch immer wieder, daß er wirklich „den Salat hat", sobald er ihn auf dem Tisch hat. Wenn das Hauptgerät der Salatzubereitung nämlich ein Dosenöffner ist, wird mit absoluter Sicherheit etwas als Salat serviert, bei dem aber auch alle Grundregeln guter Zubereitung mißachtet wurden. Sollte jemand noch immer nicht wissen, was gemeint ist, so denke er an eine hochsommerliche Salatplatte, die aus Dosenmais, konservierten Karotten, Raunern aus der Dose und abgestandenem Krautsalat besteht. All das schmeckt völlig einheitlich, weil es entweder in der Dose schon mariniert ist oder weil irgendwelche abscheuliche Fertigmarinaden verwendet werden. Genug des negativen Beispieles. Unsere Kantinenwirtin beweist viele Wochen im Jahr, daß man auch zu günstigen Preisen und rund ums Jahr ein gut gemachtes Salatbuffet anbieten kann.

Vier Dinge braucht man, um ein guter Salatkoch zu sein. Frische Rohsalate, eine exzellente Marinade, viel Phantasie und schließlich den Mut, diese Phantasie auch in der Küche einzusetzen. Noch etwas ist fallweise notwendig: Die Bereitschaft, nicht immer nur das billigste Sonderangebot zu wählen, sondern für Frische und Qualität ebenso wie für erstklassiges Öl und erstklassigen Essig ein paar Schilling mehr auszugeben. Dann kann eigentlich nichts mehr schiefgehen, und für die Küche öffnet sich eine wirklich große Vielfalt an Möglichkeiten.

Salate können eine hervorragende Vorspeise sein. In unseren Breiten ist es üblich, den Salat meistens als Zuspeise zu wählen. Bei manchen Hauptgerichten ist er wohl auch nicht wegzudenken. Ansonsten hat aber der Vorspeisensalat viel für sich. Erstens regt er vor den schwereren Hauptgerichten die Verdauungsorgane an, deren erstes bekanntlich schon der Mund ist. Knackiger Salat muß gut gekaut werden. Dadurch kommt die Speichelproduktion in Gang. Ich will auf weitere anatomische Ausführungen verzichten, lade Sie aber ein, es selbst auszuprobieren. Manches liegt nicht so schwer im Magen, wenn man diesen vorher mit Salat darauf vorbereitet hat. Schließlich meine ich aber auch, daß der Salat als Zuspeise manchmal ein Zuviel an verschiedenen Geschmacksrichtungen bringt, wenn etwa ein Braten mit hervorragend abgestimmter Soße und wohlschmeckenden Zutaten serviert wird.

Salat kann durchaus auch eine ganze Mahlzeit bilden. Das gilt für heiße Tage im Sommer ebenso wie für ein Abendessen, das nicht allzu schwer sein soll.

Frische Produkte sind die erste Bedingung, einen guten Salat zubereiten zu können. So wie beim Gemüse überhaupt hat sich das Angebot in den letzten Jahren in einer schier unglaublichen Weise entwickelt und vergrößert.

Da ist einmal das jahreszeitliche Angebot zu nennen. Durch Folien, Vliese oder Folientunnel ist es, wie wir im Eingangskapitel schon gelesen haben, den Bauern im Eferdinger Landl gelungen, die Saison für die einzelnen Gemüse- und Salatarten wesentlich auszuweiten. Und schließlich ist man auch im Winter nicht ausschließlich auf Rote Rüben, Kraut und Rettich angewiesen. So mancher Blattsalat ist ein echtes Winterprodukt, die Endivien oder der Zuckerhut zum Beispiel. So muß es wirklich nicht sein, daß man in den Wintermonaten ausgerechnet blasse Tomaten aus ausländischen Anbaukulturen verwendet, die mit einem ordentlichen, frischen Paradeiser aus unserem Land gar nichts zu tun haben. Sie schmecken auch nach nichts. Ebenso haben auch die Gurken ihre Saison, in der sie besonders köstlich schmecken, sodaß man sie nicht unbedingt während des ganzes Jahres, in Kunststoffolie eingeschweißt, kaufen muß. Der Übersichtskalender in diesem Buch gibt ihnen einen hervorragenden Überblick, wann welche Produkte in unserem Land frisch angeboten werden können.

Franz Maier-Bruck, dieser profunde Kenner und Erforscher der österreichischen Küche, schildert im leider längst vergriffenen Sacher-Kochbuch, daß schon im 17. oder 18. Jahrhundert in Österreich der Häuptlsalat, der Paradeisersalat, der Zellersalat (Selleriesalat), der warme Krautsalat, der Fisolensalat, der Erbsensalat, der Bohnensalat, der Gurkensalat, der Rettichsalat, der Rote-Rüben-Salat und der gemischte Salat erwähnt wurden. Mancherorts war auch hierzulande die Salatkultur also schon vor Jahrhunderten gut entwickelt. Das dürfte allerdings in erster Linie für den bürgerlichen, städtischen und herrschaftlichen Bereich gelten. Auf dem Lande dagegen hat man etwa Paradeiser oft erst in unserem Jahrhundert kennengelernt.

In den letzten Jahren ist die Auswahl an Salaten wie an Gemüse überhaupt großartig erweitert worden. Allein bei den Blattsalaten können wir heute auf Sorten zurückgreifen, deren Namen die meisten von uns vor fünf Jahren noch gar nicht gekannt haben. Und das Angebot steigt weiterhin. So denke ich an die Rucola, zu deutsch Rauke, die hierzulande noch weitgehend unbekannt ist. Nicht einmal in diesem Kochbuch findet man sie, weil sich die Puppinger Bäuerinnen an den erwerbsmäßigen Anbau noch nicht herangetraut haben, wie sie mir erzählten. Es handelt sich um einen nach Nuß schmeckenden Salat, der in Norditalien abseits der Touristenrestaurants selbstverständliche Grundlage jedes Blattsalattellers ist. Darüber hinaus wird die Rucola dort auch mit Rohschinken oder dem inzwischen sehr beliebten Carpaccio serviert. Es ist also dafür gesorgt, daß wir auch weiterhin Neues kennen- und vielleicht liebenlernen werden.

Beim Thema Marinade gehen die Meinungen auseinander. In den romanischen Ländern heißt es, man solle für den Salat Öl wie ein König, Salz wie ein Bürger und Essig wie ein Bettler verwenden. Meier-Bruck zitiert ein spanisches Sprichwort, nach dem man für die Salatzubereitung einen Verschwender für das Öl, einen Geizkragen für den Essig, einen Weisen für das Salz und einen Tollhäusler für das Durchmischen benötigt. Die österreichische Salattradition ist meist anders. Bei uns schwimmt der Salat oft in der Marinade, für die relativ wenig Öl, dafür aber eine größere Menge gewässerter Essig abgemischt werden. Alles hat seine Berechtigung und seinen Reiz.

Schließlich kann man an der Marinade eines Salates sogar erkennen, in welcher Gegend man sich befindet bzw. woher die

Köchin kommt. Im Osten Österreichs etwa gehört Zucker wie selbstverständlich in die Marinade zumindest des grünen Salates. Im Westen ist das viel weniger gebräuchlich, und auch der Einsatz von Knoblauch ist regional recht unterschiedlich. Im Westen geht man gewöhnlich sparsamer damit um als im Osten oder Süden.

Noch gar nicht eingegangen werden soll hier auf andere Marinaden, wie sie in den folgenden Rezepten geschildert werden. Eines ist aber wichtig: Man sollte beim Öl weder bei der Menge noch bei der Qualität sparen. Kaltgepreßte Öle entwickeln einen wunderbaren Geschmack, an den man sich zugegebenermaßen erst gewöhnen muß, wenn man bisher mit geschmacksneutralen, um nicht zu sagen geschmacklosen Massenprodukten das Auslangen gefunden hat. Kaltgepreßtes Olivenöl eignet sich hiefür ebenso wie die kaltgepreßten Öle, die gerade auch die oberösterreichischen Bauern seit einigen Jahren auf den Markt bringen. Und auch beim Essig ist das Angebot groß. Keinesfalls sollte man dabei auf den heimischen Mostessig vergessen, den manche Bauern in einer derart erstklassigen Qualität anbieten, daß so mancher hervorragende italienische Weinessig dagegen im wahrsten Sinn des Wortes verblassen muß.

Die Möglichkeiten der Salatzubereitung sind also unerschöpflich. Wir sollten sie nutzen und uns um eine entsprechende Abwechslung bemühen. Dann werden wir uns auch damit abfinden, daß das Saisonangebot in den Wintermonaten naturgemäß etwas kleiner ist als im Sommer, auch wenn es gegenüber früher stark verbessert wurde, wie wir oben schon gelesen haben.

Hier sind wir schon bei der dritten und vierten Voraussetzung für die gute Salatküche angelangt, bei Phantasie und Mut. Wenn Sie Ihren Salat bisher immer nach der gleichen Art und Weise zubereitet haben, dann haben Sie einmal den Mut, das zu ändern. Bei uns in Österreich ist es üblich, die einfache Marinade aus Essig und Öl zunächst abzumischen und dann in einem über den Salat zu gießen. Im Süden ist das anders. Ich habe einmal einen Kellner beobachtet, als er eine Schüssel frische Blattsalate für eine Tischgesellschaft zubereitete. Jawohl, es war wirklich der Kellner und nicht der Koch, denn der Blattsalat soll möglichst frisch gegessen werden. Dieser Kellner goß zunächst reichlich kaltgepreßtes Olivenöl über die Blätter und mischte diese kräftig durch. Als nächstes griff er zum Salz. Dann wurde wieder gemischt. Zum Schluß kam sparsam Essig zum Salat, der wieder eigens eingemischt wurde. Wer diese Vorgangsweise einmal nachahmt, wird neue Geschmacksvarianten erleben. Vor einem sollten Sie allerdings gewarnt werden: Wer solcher Art zum Salatfeinschmecker wird, erlebt in einem Gutteil der heimischen Wirtshäuser und Restaurants herbe Enttäuschungen. Vielleicht können Sie mit positiver Kritik einiges dazu beitragen, daß auch dort der Dosenöffner beiseite gelegt und gegen die vorher erwähnten Zutaten für einen guten Salat ausgetauscht wird.

Gemüse und Ernährung

Ernährungswissenschafter fordern weniger Energie und weniger Fett in Speisen, dafür mehr Ballaststoffe, Vitamine und Mineralstoffe in der Ernährung. Diesen Forderungen entspricht vor allem das Gemüse. Gesundheit und Ernährung beeinflussen sich gegenseitig wesentlich. Ausgewogenheit sollte unser Ziel sein.

Was macht Gemüse so wertvoll?

Gemüse ist:
- energiearm
- ballaststoffreich (regt die Verdauung an)
- vitamin- und mineralstoffreich
- ein Lieferant von hochwertigem pflanzlichem Eiweiß
- ein Lieferant von Geschmack-, Farb- und Duftstoffen

Ideal ist die Vereinigung wertvollster Komponenten im Gemüse:

80 –85 %	Wasser
1 – 2 %	Eiweiß
1 –10 %	Kohlenhydrate (Zellulose, Zucker, Stärke)
1,5– 2 %	Vitamine und Mineralstoffe (Eisen, Kalium, Magnesium, Phosphor u. a. m.)

Vom richtigen Einkauf

Jedes Gemüse hat seine Saison. Während der Gemüseerntezeiten finden Sie Gemüse in bester erntefrischer Qualität beim Bauern oder auf Märkten. Überlagertes, angewelktes Gemüse hat bereits an Aroma, Geschmack und Nährstoffen verloren. Das heimische Gemüseangebot entnehmen Sie bitte dem Saisonkalender auf Seiten 22, 23.

Vom richtigen Verarbeiten in der Küche

Schonende Verarbeitungsmethoden erhalten die Inhaltsstoffe im frischen Gemüse. Vielfach entstehen Verluste an Nährstoffen dadurch, daß Mineralstoffe leicht ausgelaugt werden können und Vitamine zum Teil hitzeempfindlich und wasserlöslich sind.

Beachten Sie:
- Gemüse nur unzerkleinert und kurz unter fließendem kaltem Wasser waschen. Nicht im Wasser liegen lassen.
- Gemüse nie mehr zerkleinern als notwendig.

- Rohkost und Salate erst kurz vor dem Essen zubereiten.
- Immer zugedeckt mit wenig Wasser und etwas Fett garen. So bleibt der Eigengeschmack am besten erhalten.
- Garzeiten so kurz wie möglich halten. Das Gemüse soll noch einen „Biß" haben.
- Kochwasser weiter verwenden, denn darin befinden sich Vitamine und Mineralstoffe.
- Frische Kräuter erst kurz vor dem Anrichten in die fertige Speise geben (getrocknete Kräuter kurz mitkochen).
- Gemüsespeisen nicht warm halten. Vitamine, Aussehen und Geschmack gehen sonst verloren.

Vom richtigen Garen

Gemüse ist besonders zart, saftig und aromatisch, kurz bevor es voll ausgereift und ausgewachsen ist. Als Naturprodukt ist es sehr empfindlich. Daher ist rasche und sorgfältige Zubereitung notwendig. Eine fachgerechte Verarbeitung bringt den optimalen Genuß und erhält die Inhaltsstoffe.

Kochen (Garen in viel Flüssigkeit)
Ideal für derbe Knollen mit fester Schale.

Blanchieren (2–3 Min. in kochendes Wasser geben und anschließend kalt abschrecken)
Ideal für zartes Gemüse oder als Vorbereitung für weitere Zubereitungsarten, wie etwa Dünsten, Gratinieren, Backen…

Kochen in wenig Flüssigkeit ist die einfachste und schonendste Methode (v. a. für zerkleinerte Karotten, Kohlrabi . . .). Ideal für kleine Portionen. Wichtig ist ein gut schließender Deckel.

Dämpfen mit Siebeinsatz
Ideal für zarte Gemüse bis 10 Min. Garzeit. Grünes Gemüse verliert allerdings an Farbe.

Dämpfen im Schnellkochtopf
Eignet sich nur, wenn eine Schonstufe für Gemüse vorhanden ist. Garzeiten unbedingt einhalten.

Mikrowelle
Ideal für kleine Mengen. Garzeiten unbedingt einhalten.

Vom richtigen Lagern

Bei der Lagerung von Gemüse und Salaten entstehen sortenbedingt mehr oder weniger hohe Verluste an Wirk- und Aromastoffen. Nicht jeder hat einen Kühlraum oder Gemüsekeller zur Verfügung. Doch auch im Kühlschrank ist unter bestimmten Voraussetzungen kurzfristig eine gute Lagerung möglich.

Lagertemperaturen:
Bevorzugt bei 0° C und einer Luftfeuchtigkeit von 90 %;
Blattgemüse und Salate bei 0° bis 1° C;
Fruchtgemüse bei 10° bis 12° C;
Erdäpfel bei 4° bis 5° C dunkel lagern und auf gute Be- und Entlüftung achten.
Gemüse nach Arten getrennt lagern. Salate und Blattgemüse in der gelochten Verpackung lassen, damit eine genügend hohe Luftfeuchtigkeit entsteht.

Vom richtigen Konservieren

Gemüsekonservierung hat eine lange Tradition. Viele Gemüse eignen sich sehr gut zum Einfrieren (ideale Gefrierlagertemperatur –18° C). Jedes Gemüse vor dem Einfrieren blanchieren, rasch mit kaltem Wasser abkühlen und gut abtropfen lassen. In eher kleinen Mengen verpacken, beschriften und rasch einfrieren.
Weitere beliebte Methoden der Konservierung sind Einkochen, Gären oder Einlegen in Essig oder Öl.

Fachlehrer Marianne Obermair-Dieplinger

Unsere heimische Gemüsesaison

	GEMÜSE	ERNTEZEIT SAISON	aus bäuerlichem LAGER	Anmerkung
BLATTGEMÜSE	Vogerl- od. Feldsalat	Feb.–April u. Okt.–Dez.		
	Spinat	März–Mai u. Sept.–Nov.		
	Häuptelsalat	Mai–Oktober		
	Bologneser/Eissalat	Mai–Oktober		
	Lollo Rosso, Lollo Biondo, Eichblattsalat	Mai–Oktober		
	Radicchio	Juni–Oktober		
	Frisée	Juni–Oktober		Spezialität
	Endivie	Juli– Oktober	Oktober–Nov.	
	Chicorée	Dez.–März		Spezialität
	Zuckerhut	August–Okt.	Okt.–Februar	
KOHLGEMÜSE	Kohlrabi	Mai–Oktober	Oktober–Dez.	
	Weißkraut	Mai–Oktober	Okt.–April	
	Blaukraut	Juni–Oktober	Okt.–April	
	Spitzkraut	Juli–Oktober	Okt.–März	Spezialität
	Karfiol	Mai–Oktober		
	Broccoli	Mai–Oktober		
	Kohl	Juni–November	Nov.–April	
	Grünkohl	Oktober–Feb.		Spezialität
	Chinakohl	Juli–Oktober	Oktober–März	
	Sprossenkohl	Sept.–Nov.	Nov.–Februar	
FRUCHTGEMÜSE	*Schlangengurken	Mai–September		*überwiegende Produktion in Folien- und Gewächs-häusern
	Feld- u. Einlegegurken	Juni–September		
	*Paprika	Juni–Oktober		
	*Pfefferoni	Juni–Oktober		
	*Paradeiser	Juli–September		
	*Kirschenparadeiser	Juli–September		Spezialität
	*Eierparadeiser	August–Sept.		Spezialität
	Zucchini	Mai–September		
	Patisson	Mai–September		Spezialität

FRUCHTGEMÜSE	Melanzani (Eierfrucht)	Juli–September		
	Zucker- u. Honigmelonen	Juli–August		Spezialität
	Kürbisse (Hokkaido, Spaghetti, Butternuß)	August–Okt.	Okt.–Jänner	Spezialität
	Zuckermais	August–Okt.		Spezialität
	Fisolen	Juli–September		
	*Stangenbohnen	Juli–September		
STENGEL-GEMÜSE	Rhabarber	April–Juni		
	Spargel, Grünspargel	April–Juni		Spezialität
	Knollenfenchel	Juni–Oktober	Okt.–Jänner	
	Mangold	Mai–November		Spezialität
	Stangensellerie	August–Okt.	Okt.–Jänner	Spezialität
KNOLLEN- und WURZELGEMÜSE	Karotten	Mai–Oktober	Oktober–April	
	Gelbe Rüben	August–Okt.	Oktober–April	Spezialität
	Petersilie	Mai–Oktober	Oktober–April	
	Sellerie	Juni–Oktober	Oktober–Mai	
	Rote Rüben	Juni–Oktober	Oktober–April	
	Mairüben	Mai–Juni		Spezialität
	Halm- od. Herbstrüben	September–Okt.	Oktober–März	Spezialität
	Schwarzwurzeln	Oktober–Nov.	November–Feb.	Spezialität
	Radieschen	April–Oktober		
	Weißer Rettich	Mai–Oktober	Oktober–Nov.	
	Schwarzer Rettich	August–Okt.	Oktober–Mai	
	Kren	Oktober–Nov.	ganzjährig	
	Früherdäpfel	Juni–August		
	Spät- u. Lagererdäpfel	August–Okt.	Oktober–Mai	
	Topinambur	Nov.–März		Spezialität
ZWIEBELGEMÜSE	Winterzwiebeln	Mai–Juni		Bund- oder Jausenzwiebeln
	Frühlingszwiebeln	Juni–Juli		
	Zwiebeln rot u. gelb	ganzjährig		
	Schalottenzwiebeln	ganzjährig		
	Knoblauch	ganzjährig		
	Porree	Februar–Mai u. Mai–Oktober	Oktober–Feb.	

Essen, wenn's am besten schmeckt

Erntefrisches Gemüse ist genau das, worauf es einem Genießer und Kenner ankommt. Unser Gemüse-Saisonkalender gibt Ihnen Einblick in das mittlerweile so reichhaltige Gemüsesortiment aus heimischer Produktion.

Zudem informiert er Sie über die jeweilige Erntezeit der verschiedenen Gemüsearten. Zeitliche Schwankungen in der Vor- und Nachsaison sind witterungsbeeinflußt möglich.

Erntefrisches Gemüse kaufen Sie, wenn Sie es nicht aus dem eigenen Garten holen können, am besten direkt bei einem Gemüsebauern und am Bauern- oder Wochenmarkt. Beim Einkauf von Gemüse im Lebensmittelhandel achen Sie auf die Erzeugeretiketten bzw. auf die Verpackung, diese weisen in der Regel auf die Herkunft der Erzeugnisse hin.

Tip am Rande: Einen großen Korb oder ähnliches sollten Sie stets zum Einkauf von Gemüse mitbringen. So können Sie es behutsam transportieren, ohne daß die Qualität darunter leidet.

Die Rezepte dieses Buches sowie die angeführten Gemüsearten im Saisonkalender sind nach Gemüsefamilien geordnet.

Die Familie der *Blattgemüse* ist jene, die uns im Frühling als erste mit Vitaminen und Mineralstoffen versorgt.

Das Angebot an Salaten ist breit gefächert, so bringen die bunten Pflücksalate, wie Lollo Rosso, Eichblatt . . ., Farbe in das Grün. Zuckerhut und Chiccorée bereichern den Speisezettel als Spezialitäten im Winter.

Die *Kohlgemüse* gehören zu den wandlungsfähigsten Gemüsen. Deren Variationen reichen von Blättern, Blütenständen wie Karfiol und Sprossen bis zur Knolle, dem Kohlrabi. Kohlgewächse versorgen uns dank ihrer Lagereignung auch durch die Wintermonate mit ihren wertvollen Inhaltsstoffen.

Das Angebot von *Fruchtgemüse* ist hingegen, betrachten wir die heimische Produktion, jahreszeitlich auf die Sommermonate begrenzt. Sie lieben Sonne und Wärme, entwickeln dadurch ihr geschätztes Aroma.

Zu den *Stengel- oder Stielgemüsen* zählen eine Reihe von Spezialitäten wie Spargel, Stangensellerie, Mangold . . ., die nicht nur optisch, sondern auch mit ihrem delikaten Geschmack in Ihrer Speiseplanung nicht fehlen sollten.

Unterschiedlich in Farbe, Form und Aroma präsentiert sich die Familie der *Wurzel- und Knollengemüse.* Die heimische Erzeugung versorgt uns damit rund ums Jahr. Altbekannt – neu entdeckt, dazu zählen in dieser Gruppe die Halm- oder Herbstrüben und die Gelbe Rübe.

Die *Zwiebelfamilie* ist nicht wegzudenken aus unserer Küche, v. a. natürlich als geschätztes Gewürz für viele Gerichte. Doch aus Zwiebelgewächsen werden auch immer mehr Hauptspeisen kreiert. Denken wir nur an den beliebten Porree.

„Essen mit der Jahreszeit" bietet Ihnen nicht nur willkommene Abwechslung, sondern Sie schöpfen aus dem vollen, was die wertvollen Inhaltsstoffe des Gemüses betrifft, wenn es frisch geerntet, ohne lange Transportwege, in der Küche sachgerecht zubereitet und liebevoll angerichtet auf Ihren Tisch kommt.

Gabriele Obermayr

Vogerlsalat mit Walnußkernen

20-25 dag	*Vogerlsalat*
	Saft einer Zitrone
1/4 l	*Milch*
20 dag	*Walnußkerne*
Salatsoße:	
1/8 l	*Crème fraîche*
1/8 l	*Sauerrahm*
	Salz, Pfeffer
	etwas Worchester-
	oder Sojasoße
	Saft einer halben Zitrone
	Zucker
	etwas Weinessig
	Petersilie

- Vogerlsalat waschen, abtropfen lassen und mit Zitronensaft beträufeln.
- Milch aufkochen, vom Feuer nehmen.
- Nüsse einlegen und 10 Min. ziehen lassen.
- In ein Sieb schütten und mit kaltem Wasser abspülen.
- Alle Zutaten für die Soße miteinander verrühren und kühl stellen.
- Vogerlsalat anrichten, die Walnußkerne darauf verteilen und zuletzt die Salatsoße darübergießen.

Anmerkung: Dazu schmeckt feines Dinkelbrot sehr gut.

Vogerlsalat mit Blaukäse und Nüssen

25 dag	*Vogerlsalat*
2–3	*Frühlingszwieberln*
10 dag	*Blauschimmelkäse (Österzola, Bavaria blue)*
10 dag	*Walnüsse*
	Salz, Pfeffer
	kaltgepreßtes Olivenöl od. Kürbiskernöl
	Himbeeressig
2	*Knoblauchzehen*

- Vogerlsalat waschen und putzen.
- Zwieberln in kleine Ringe schneiden;
- Blauschimmelkäse in kleine Würfel schneiden.
- Alle Zutaten locker mischen, die angerührte Marinade unterziehen und mit den ganzen Nußhälften garnieren.

Spinatknöderln

40 dag	*Blattspinat*
20 dag	*Erdäpfel*
3	*Eier*
8 dag	*Brösel*
8 dag	*Grieß*
	Salz, Pfeffer
	Knoblauch

- Spinat kochen, abseihen und fein hacken.
- Erdäpfel kochen und passieren.
- Mit den übrigen Zutaten vermischen, Knöderln formen und in Salzwasser 15 Min. kochen.
- Über die Knöderln kann man braune Butter, geriebenen Käse und eventuell Schinkenstreifen geben.

Anmerkung: Dazu paßt wunderbar eine würzige Käsesoße.

Spinatlaibchen

60 dag	*Spinat*
4 dag	*Mehl*
4 dag	*Butter*
1/4 l	*Milch*
1	*Ei*
	Salz
	Muskatnuß
1	*Zwiebel*
	Knoblauch
1 EL	*Semmelbrösel*
	Fett zum Braten

- Spinat in reichlich Salzwasser blanchieren, gut abtropfen lassen, feinst hacken.
- Aus Butter, Mehl, Zwiebel und Milch eine Einmach bereiten, zu einem festen Brei einkochen.
- Mit Spinat, Ei und Gewürzen vermengen und mit Bröseln Laibchen formen.
- Beidseitig in mäßig heißem Fett braten.

Anmerkung: Für saftige Gemüselaibchen können Sie statt Spinat gekochtes Gemüse nehmen.

Spinatnockerln

25 dag	*Weizenvollmehl*
1	*Ei*
20 dag	*passierter Spinat*
	Salz
	Muskatnuß
	Knoblauch
	Kräuter
ca. 1/2 l	*Milch*
2 kl.	*Zwiebeln*
1 EL	*Öl*
10 dag	*geriebener Käse (Edamer, österr. Bergkäse)*

- Den passierten Spinat mit Ei, Salz, Knoblauch, Muskatnuß und den gehackten Kräutern vermischen.
- Mit dem Mehl und der (nach Bedarf mit Wasser verdünnten) Milch zu einem geschmeidigen Teig verarbeiten.
- 1/2 Std. quellen lassen.
- Nockerln ausstechen und in reichlich Salzwasser kochen.
- Die feingeschnittenen Zwiebeln in Öl anrösten, die Nockerln dazugeben und mit geriebenem Käse bestreuen.

Anmerkung: Dazu eine Schüssel knackigen Häuptelsalat servieren!

Spinatstrudel

Teig:	
25 dag	*feines Dinkelvollkornmehl*
1/2 TL	*Salz*
4 EL	*Olivenöl*
8–10 EL	*Wasser*
Fülle:	
2	*Zwiebeln*
2	*Knoblauchzehen*
1 1/2 kg	*Blattspinat*
2 EL	*Öl*
	Salz, Pfeffer
	Muskat
	Kräuter (Liebstöckl, Petersilie und Beifuß)
20 dag	*Landfrischkäse*
2	*Dotter*
3 EL	*grober Hafervollkornschrot*
	Vollkornmehl zum Bestäuben
2 EL	*Butter*

- Strudelteig bereiten, zu einer Kugel formen und, mit Öl bestrichen, 1/2 Std. zugedeckt rasten lassen.
- Zwiebeln würfeln, Spinat putzen, blanchieren und in Streifen schneiden.
- Zwiebeln, Knoblauch und Spinat in Öl andünsten.
- Abkühlen lassen, abgießen und mit Salz, Pfeffer, Muskat und den feingehackten Kräutern abschmecken.
- Landfrischkäse mit Dottern verrühren und mit dem Haferschrot unter die Spinatmasse heben.
- Den Teig auf einem bemehlten Tuch ausziehen.
- Mit etwas flüssiger Butter bestreichen, die Spinatmasse auftragen und den Strudel mit Hilfe des Tuches zusammenrollen.
- Auf ein befettetes Backblech setzen, mit der restlichen Butter bestreichen und im vorgeheizten Rohr ca. 45 Min. backen.

Anmerkung: Sehr gut schmeckt der Strudel auch mit 1 kg Grünkohl gefüllt.
Der Strudelteig aus Vollkornmehl läßt sich nicht so dünn ausziehen wie ein Teig aus weißem Mehl, ist aber feiner im Geschmack.

Hendlbrust in Spinatsoße

50 dag	*Blattspinat*
	Salz
4	*Hendlbrüste*
	Salz, Pfeffer
2	*Zwiebeln*
4 dag	*Speck*
1/4 l	*Suppe*
1/4 l	*Milch*
2	*Knoblauchzehen*
	Muskat
	Salz, Pfeffer
1/8 l	*Schlagobers*

- Gewaschenen und geputzten Spinat in Salzwasser blanchieren und abseihen.
- Hendlbrüste salzen und pfeffern und in heißem Fett beidseitig anbraten, warm stellen.
- Im Bratrückstand Speckwürfel und gehackte Zwiebeln anrösten.
- Mit Suppe und Milch aufgießen.
- Spinat fein hacken und beifügen.
- Mit zerdrücktem Knoblauch, Muskat, Salz und Pfeffer würzen und zugedeckt bei geringer Hitze ca. 5 Min. dünsten.
- Obers dazugießen und noch einmal aufkochen lassen.
- Die Hendlbrüste in der Soße erhitzen, in Scheiben schneiden und mit der Spinatsoße anrichten.

Anmerkung: Mit Nockerln oder Vollkornreis servieren.

Häuptelsalat mit Kräutern

1	*Häuptelsalat*
1 EL	*Kräuteressig*
1 EL	*Kräuteröl*
1 B.	*Joghurt*
	etwas Zucker
	Salz, Pfeffer
2 EL	*feingehackte Kräuter nach Wahl*

- Joghurt mit Kräuteressig, -öl und Gewürzen gut abschmecken.
- Die gewaschenen und zerkleinerten Salatblätter mit der Soße locker vermischen.
- Mit den gehackten Kräutern bestreuen und sofort servieren.

Eissalat mit Walnußkernen

1 Stk.	*Eissalat*
1 kl.	*Zwiebel*
2 EL	*Zitronensaft*
	Salz
2 EL	*kaltgepreßtes Öl*
1 EL	*Walnußkerne*

- Eissalat waschen, in 2 cm breite Streifen schneiden;
- aus Zitronensaft, Öl, Salz und feingehackter Zwiebel eine Marinade bereiten;
- Salat und Marinade mischen und mit gehackten Nüssen bestreuen.

Eferdinger Mischblattsalat mit Schafkäse

	Blattsalate (Lollo Rosso, Lollo Biondo, Frisée, Eichblatt, Chicorée, Häuptelsalat . . .)
2 *1 kl.*	*Frühlingszwiebeln oder* *Porree*
1/2	*gelbe Zucchini*
1/2	*grüne Zucchini*
2–3 Stk.	*Schafmilchkäse*
Garnierung:	
	Thymian- und Zucchiniblüten

- Die Salatblätter waschen und trockenschleudern.
- Zwiebeln oder Porree in Ringe, Zucchini in Stifte schneiden.
- In einer großen Schüssel alles mit Joghurtdressing locker vermischen.
- Den Schafkäse in Scheiben schneiden und mit den Blüten dekorativ auf dem Salat verteilen.

Anmerkung: Dazu paßt würziges Roggenbrot mit Bauernbutter. Die Blattsalate können Sie je nach Angebot variieren.

Joghurtdressing: Rezept siehe Seite 147.

RIESLING
PLATIN

▲ *Ein vitaminreiches Erlebnis: Mischblattsalat mit würzigem Schafmilchkäse. Rezept Seite 32*

Zitronenmelissenöl, Estragon-Knoblauch-Essig, Kräuteressig – selber hergestellt, verleihen sie den Salaten eine besondere Note. Rezepte Seite 148 ff ▶

◀ *Spargelcremesuppe; Spargel mit Butterbröseln und Nußsoße; überbackener Spargel – ein Gedicht mit erntefrischem Spargel. Rezepte Seite 102/103*

▲ *Dieser pikante, saftige Zucchinistrudel ist wie ein Stück Sommer.*
Rezept Seite 73

Ein Vorschlag für ihre schnelle und gesunde Küche: Gemüse-Käsetoast.
Rezept Seite 120 ▼

Frisches Gemüse vom Garten oder Markt und der Fleischtopf mit feinem Gemüse bieten immer neue Geschmackserlebnisse.
Rezept Seite 129

Mit diesen gratinierten Melanzani wird jedes Essen zum noblen Fest
Rezept Seite 77 ▶

Kohlrabi-Radieschen-Rohkost

4	*Kohlrabi*
1 Bd.	*Radieschen*
1 Bd.	*Schnittlauch*
1/2 B.	*Sauerrahm oder Crème fraîche*
	etwas Zucker
	Salz
2 EL	*Zitronensaft*

- Kohlrabi schälen, fein reiben,
- die zarten Blätter waschen und fein hacken.
- Radieschen reinigen, in dünne Scheiben schneiden.
- Alles zusammenmischen, mit Sauerrahm, Salz, Zucker und Zitronensaft marinieren.
- Vor dem Servieren mit feingehacktem Schnittlauch bestreuen.

Kohlrabi-Rohkost

4 kl.	*Kohlrabi*
3	*Karotten*
1 kl.	*Zwiebel*
	Petersilie
	Apfelessig
	Sonnenblumenöl
	Salz, Pfeffer
	Zucker

- Kohlrabi und Karotten schälen und grob raspeln.
- Für die Marinade Zwiebel und Petersilie hacken.
- Essig (mit Wasser verdünnt) und Öl gut verrühren; mit Salz, Pfeffer und einer Prise Zucker abschmecken.
- Zwiebel dazugeben, sorgfältig verrühren und die Marinade über das Gemüse gießen.
- Mit Petersilie bestreut servieren.

Kohlrabicremesuppe

75 dag	*Kohlrabi*
3/4 l	*Suppe*
1/8 l	*Obers*
1 kl.	*Zwiebel*
1 EL	*Butter*
	Salz, Pfeffer
	Muskat
	Zitronensaft
2 Scheiben	*Weißbrot*
1 EL	*Butter*

- Kohlrabi putzen, schälen und in kleine Stücke schneiden.
- Gehackte Zwiebel in Butter anschwitzen, Kohlrabi zugeben und ebenfalls anschwitzen.
- Mit Suppe aufgießen und weich kochen.
- Kohlrabisuppe pürieren, Obers zugießen und noch einige Minuten köcheln lassen.
- Mit den Gewürzen abschmecken.
- Weißbrot würfeln, in Butter goldgelb anrösten und abtropfen lassen.
- Die Suppe mit den Brotwürfeln bestreut servieren.

Kohlrabi in Käsesoße (für 6 Personen)

6	*Kohlrabi*
3 dag	*Butter*
3 dag	*Mehl*
1/8 l	*Obers*
15 dag	*geriebener Gouda*
	Salz, Pfeffer
	Muskatnuß
	Zucker
	Petersilie oder
	Dill

- Kohlrabi schälen, in Stifte schneiden und in kochendem Salzwasser bißfest garen.
- Butter erhitzen, Mehl einrühren und anschwitzen.
- Mit 1/8 l Kohlrabiwasser und Obers aufgießen.
- Aufkochen, Käse unterrühren und gut würzen.
- Kohlrabi in die Soße geben und mit gehackter Petersilie bestreuen.

Anmerkung: Schmeckt herrlich als leichtes Hauptgericht und als Beilage zu Faschiertem oder Fleischgerichten (dafür die Menge halbieren).

Eingemachter Kohlrabi

80 dag	*Kohlrabi*
3 dag	*Butter*
1	*Zwiebel*
5 dag	*Speck*
1/4 l	*Sauerrahm*
	Schnittlauch
	Kerbel
	Salz, Pfeffer
	Muskat

- Kohlrabi schälen und in Streifen schneiden.
- Speck würfeln, Zwiebel fein hacken.
- Speck und Zwiebel in Butter kurz anrösten, Kohlrabi dazugeben, würzen, mit etwas Wasser aufgießen und zugedeckt weich dünsten.
- Mit Rahm legieren und mit den Kräutern abschmecken.

Anmerkung: Eine klassische Beilage zu gekochtem Rindfleisch.

Gefüllte Kohlrabi

4	*Kohlrabi*
4 Scheiben	*Toastbrot*
1/2 l	*Milch*
40 dag	*Faschiertes*
3	*Eier*
	Salz, Pfeffer
	Muskatnuß
etwas	*Butter*
2 dag	*Mehl*
2 dag	*Butter*
2 EL	*Obers*
	Petersilie
	Schnittlauch

- Kohlrabi schälen und zur Hälfte aushöhlen.
- In kochendem Salzwasser ca. 5 Min. garen und mit kaltem Wasser abschrecken.
- Den Gemüsesud aufheben.
- Toastbrot in Milch einweichen, ausdrücken und mit Faschiertem und Eiern in einer Schüssel vermischen.
- Mit Salz, Pfeffer und Muskatnuß würzen.
- Die Kohlrabi damit füllen und in eine mit Butter ausgestrichene Auflaufform stellen.
- Mit dem Gemüsesud aufgießen und auf kleiner Flamme ca. 20 Min. dünsten.
- Die Kohlrabi herausnehmen und warm stellen.
- Aus Mehl und Butter eine Kugel formen und in den Sud einrühren; kurz aufkochen.
- Obers, Petersilie und Schnittlauch dazugeben.
- Die gefüllten Kohlrabi mit der Soße übergießen.

Anmerkung: Dazu paßt sehr gut Erdäpfelpüree.
Den Rest vom Kohlrabi verwenden Sie für eine Gemüsesuppe.

Überbackene Kohlrabi

4	*Kohlrabi*
3	*Karotten*
1/8 l	*Milch*
1/8 l	*Obers*
	Petersilie
	Salz, Pfeffer
	Muskat
	Butter

- Kohlrabi und Karotten schälen und in gleich dicke Scheiben schneiden.
- In eine befettete Auflaufform schichten.
- Mit Salz, Pfeffer und Muskat würzen.
- Obers mit Milch verrühren und über das Gemüse gießen.
- Im vorgeheizten Rohr bei 180° ca. 20 Min. backen.
- Mit Petersilie bestreut servieren.

Anmerkung: Als Beilage passen Blattsalate.

Kohlrabischeiben in Kräuterteig

4	*Kohlrabi*
	Salz, Pfeffer
12 dag	*Mehl*
1	*Ei*
1/8 l	*Mineralwasser*
	Petersilie
	Schnittlauch
	Dill
	Fett zum Backen

- Kohlrabi schälen und in 1 cm dicke Scheiben schneiden.
- 5 Min. in Salzwasser kochen, abkühlen lassen.
- Inzwischen aus Mehl, Ei, Mineralwasser, den gehackten Kräutern, Salz und Pfeffer einen Teig rühren.
- Kohlrabischeiben zuerst in Mehl, dann im Teig wenden.
- In Fett schwimmend herausbacken und gut abtropfen lassen.

Anmerkung: Dazu paßt eine Dill-Joghurt-Soße.

Schinkenröllchen mit Kohlrabi

40 dag	*Kohlrabi*
5 dag	*Butter*
2 EL	*Petersilie*
	Salz, Pfeffer
	Muskat
8 Scheiben	*Preßschinken*
12 dag	*Mehl*
3	*Eier*
15 dag	*Semmelbrösel*
	Fett zum Ausbacken

- Kohlrabi schälen und in dünne Stifte schneiden; Kohlrabigrün fein hacken.
- Kohlrabistifte in heißem Fett rundum anrösten.
- Petersilie und Kohlrabigrün dazugeben und würzen, etwas überkühlen lassen.
- Schinkenblätter auflegen;
- die Kohlrabimasse auf dem unteren Drittel der Schinkenblätter verteilen.
- Schinken einrollen und die Enden mit Zahnstochern fixieren.
- Röllchen panieren und in heißem Fett schwimmend ausbacken.
- Auf Küchenkrepp abtropfen lassen und heiß servieren.

Anmerkung: Dazu passen Sauce Tartare und Salate der Saison.

Krautfleckerln

25 dag	*Fleckerln*
60 dag	*Kraut*
2 dag	*Fett*
1	*Zwiebel*
1 dag	*Zucker*
	Salz, Pfeffer
1/4 l	*Essigwasser*
1/8 l	*Bratensaft*
	Petersilie

- Fleckerln in reichlich Salzwasser kochen.
- Gehackte Zwiebel in heißem Fett mit Zucker anrösten.
- Gehobeltes Kraut kurz mitrösten.
- Mit Essigwasser aufgießen, dünsten und abschmecken.
- Fleckerln daruntermischen.

Anmerkung: Beim Anrichten mit Bratensaft übergießen und mit gehackter Petersilie bestreuen.

Krautpalatschinken

Palatschinkenteig:	
20 dag	*Mehl*
ca. 1/4 l	*Milch*
2	*Eier*
	Salz
1 EL	*Öl*
Fülle:	
1 EL	*Zucker*
1 kl.	*Krautkopf*
1	*Zwiebel*
1	*roter Paprika*
1	*grüner Paprika*
2	*Knoblauchzehen*
	Salz, Pfeffer
	Paprikapulver
	Kümmel

- Teig rühren und ca. 8 Palatschinken backen.
- Zwiebel- und Paprikawürfel mit Zucker in Öl anrösten und das fein gehobelte Kraut mitrösten.
- Bei schwacher Hitze weich dünsten.
- Zuletzt mit Knoblauch, Salz, Pfeffer, Paprikapulver und Kümmel würzen.
- Die Palatschinken damit füllen, einrollen und im sehr heißen Rohr kurz erhitzen.

Anmerkung: Dazu passen Petersilerdäpfel.

Krautauflauf

1 mittelgr. Krautkopf	
1	*Tasse Reis*
2	*Tassen Wasser*
3	*Eier*
2	*Tassen Milch*
40 dag	*Faschiertes*
	Öl
	Salz, Pfeffer
evtl.	*Sojasoße*
2 dag *1 B.*	*Butter od.* *Sauerrahm*
	Petersilie

- Das Kraut hobeln und in einer hohen Pfanne in heißem Öl leicht bräunen lassen.
- Inzwischen den Reis körnig kochen.
- Kraut und Reis abkühlen lassen.
- Dann mit Milch, Eiern und Faschiertem vermischen und mit etwas Salz, Pfeffer und evtl. reichlich Sojasoße abschmecken.
- Die Mischung in eine bebutterte Auflaufform geben und mit Butterflöckchen belegen oder mit Sauerrahm übergießen.
- Bei 200° im Rohr ca. 30 Min. backen.

Anmerkung: Als Hauptspeise oder als Beilage (halbe Menge) zu Erdäpfelgerichten servieren.

Krautrouladen

1 kg	*Braunschweiger Kraut*
50 dag	*Faschiertes*
1	*Zwiebel, gehackt*
5	*Knoblauchzehen*
	Lorbeerblatt
	Thymian
	Salz, Pfeffer
	Petersilie
	Basilikum
	etwas Öl
4	*Paradeiser*
1	*grüner Paprika*
1/4 l	*Rindsuppe*

- Den Krautkopf putzen und den Strunk herausschneiden. Im ganzen in siedendes Wasser legen und ca. 5 Min. zugedeckt kochen.
- Kalt abschrecken und abtropfen lassen.
- Das Faschierte mit Gewürzen, Zwiebel und 2–3 EL Wasser gut vermischen.
- Die Krautblätter vorsichtig ablösen und auflegen.
- Das Faschierte in 8 Portionen teilen, ebenso viele Krautblätter damit belegen und einrollen.
- Das restliche Kraut fein schneiden, abschmecken, in eine befettete Auflaufform füllen und darauf die Rouladen legen.
- Die geschälten und fein geschnittenen Paradeiser und Paprikawürfel darübergeben.
- Mit etwas Rindsuppe übergießen.
- Im vorgeheizten Rohr ca. 40–50 Min. bei Mittelhitze garen.

Anmerkung: Sie können das Faschierte mit 1 Tasse gekochtem Reis und 4 dag Selchspeckwürfeln verlängern. Auf würzigem Sauerkraut dünsten, mit ganzen Krautblättern abdecken.

Krautschnitzel

1 kg	*Kraut*
3	*Eier*
1	*Zwiebel*
	Salz, Pfeffer
	Brösel zum Binden
	Mehl, Eier, Brösel zum Panieren

- Kraut kochen, abseihen und fein hacken.
- Mit den Eiern vermengen, die feingehackte Zwiebel dazugeben, würzen und die Masse mit Bröseln binden.
- Laibchen formen, panieren und knusprig backen.

Anmerkung: Mit einer feinen Paprikasoße servieren. Dieses Gericht kann man mit einer Knacker oder 5 dag würziger Selchwurst verfeinern.

Krautstrudel mit Kräutersoße (für 6 Personen)

Strudelteig:	
30 dag	*Weizenvollmehl*
3 EL	*Öl*
2 EL	*Wasser*
1 Prise	*Salz*
1 Prise	*Zucker*
1	*Ei*
1	*Dotter*
3 EL	*Milch zum Bestreichen*
Fülle:	
1	*Krautkopf (1 1/2 kg)*
2	*Knoblauchzehen*
10 dag	*Zwiebel*
10 dag	*geräucherter Speck*
5 dag	*Schweinefett*
	Salz
1–2 EL	*Mehl*
2 EL	*Milch*
1/8 l	*Suppe*
4 EL	*Weißweinessig*
1 TL	*Kümmel*
	Pfeffer
1 EL	*Zucker*
Kräutersoße:	
4 dag	*Butter*
4 dag	*Mehl*
1/2 l	*Gemüsesuppe*
	Weißwein
	Salz, Pfeffer
	Muskat
	Kräuter (Kerbel, Basilikum, Schnittlauch, Petersilie)

- Strudelteig bereiten, mit Öl bepinseln und zugedeckt 1/2 Std. rasten lassen.
- Gewürfelten Speck und Zwiebel mit Knoblauch in Fett glasig dünsten.
- Fein geschnittenes Kraut dazugeben, salzen und ca. 10 Min. anlaufen lassen.
- Stauben, Suppe zugießen, Essig und die restlichen Gewürze dazugeben.
- Abschmecken und erkalten lassen.
- Strudelteig auf einem Tuch ausziehen, Kraut darauf verteilen und den Strudel einrollen.
- Mit Dotter und Milch bestreichen.
- Auf befettetem Blech im vorgeheizten Rohr bei 180° 35 Min. goldgelb backen.
- Für die Kräutersoße aus Butter und Mehl eine Einmach bereiten und mit Gemüsesuppe aufgießen; gut verkochen lassen.
- Mit etwas Weißwein, Salz, Pfeffer und Muskat würzen.
- Zum Schluß feingehackte Kräuter unterrühren.

Topfenteigtaschen mit Krautfülle und Paprikasoße

Topfenmürbteig:	
20 dag	*Dinkelmehl*
10 dag	*kalte Butter*
12 dag	*Topfen*
1	*Dotter*
	Salz, Muskat
	gemahlener Kümmel
Fülle:	
ca. 10 dag	*Weißkraut*
1 EL	*gemischte Paprikawürfel*
3 dag	*gehackte Zwiebel*
1	*Knoblauchzehe*
	Majoran
1 EL	*Sonnenblumenöl*
1 EL	*Gemüsefond*
	Kräutersalz
10	*Korianderkörner*
1	*Dotter zum Bestreichen*
Soße:	
1 gr.	*roter Paprika*
1 EL	*Öl*
3 dag	*gehackte Zwiebel*
	Zitronensaft
	Salz
1 EL	*Dinkelmehl*
1/16 l	*Weißwein*

- Die Zutaten zu einem glatten Teig verkneten.
- Eine Rolle formen und 1 Std. kühl rasten lassen.
- Das Weißkraut klein schneiden und mit den restlichen Zutaten 5 Min. dünsten.
- Den Topfenteig 3 mm dick ausrollen;
- Scheiben (7 cm Durchmesser) ausstechen und die Ränder mit Dotter bestreichen.
- Auf jede Teigscheibe 1 TL Krautfülle geben,
- zusammenklappen und die Ränder gut andrücken.
- Mit Dotter bestreichen und auf einem Blech ca. 20 Min. bei 180° backen.
- Für die Soße 1/4 der Paprikaschote in kleine Würfel schneiden.
- Den restlichen Paprika grob schneiden, mit den übrigen Zutaten weich dünsten und passieren.
- Die Paprikawürfel unter die Soße mischen und abschmecken.

Anmerkung: Diese Teigtaschen sind sehr pikant und können auch kalt serviert werden. Ideal zum Vorbereiten für Buffets.

Stöckelkraut

1	*Krautkopf*
	Salz, Kümmel
etwas	*Fett*
	Speck nach Belieben oder nur Bratlsaft

- Den Krautkopf vierteln und in Salz-Kümmel-Wasser weich kochen.
- Das Kraut herausnehmen, abtropfen lassen, in ein Reindl geben und mit den ausgelassenen Speckwürfeln oder dem Bratlsaft übergießen.

Anmerkung: Schmeckt am besten zu Schweinsbraten mit Erdäpfelknödeln.

Gedünstetes Weißkraut

60–80 dag	*Kraut*
1–2	*Zwiebeln*
3 EL	*Öl*
1 TL	*Kümmel*
2 EL	*Zucker*
	Pfeffer
	etwas Essig
1 EL	*Mehl*
evtl. 4 dag	*Selchspeckwürfel*

- Das Kraut fein schneiden, die Zwiebeln hacken und in Fett glasig anrösten.
- Zucker dazugeben und hell bräunen.
- Mit einem Schuß Essig löschen und mit Wasser aufgießen.
- Das Kraut dazugeben, mit Kümmel und Salz würzen.
- 25 Min. zugedeckt dünsten.
- Mit Mehl stauben und, wenn nötig, noch mit etwas Wasser aufgießen und aufkochen lassen.

Anmerkung: Typisch oberösterreichisch zu allen Knödeln.

Sauerkrautsalat

25 dag	*Sauerkraut*
15 dag	*Weintrauben*
1/2	*roter Paprika*
1	*Apfel*
8 dag	*Schinken*
1/2	*Zwiebel*
	Salz, Pfeffer
	Zitronensaft
etwas	*Zucker*
	Oliven- oder Distelöl

- Das Sauerkraut ein- bis zweimal durchschneiden und in eine große Schüssel geben.
- Den Apfel waschen, das Kerngehäuse entfernen und blättrig schneiden.
- Paprika und Schinken nudelig schneiden.
- Weintrauben waschen, halbieren, Kerne entfernen.
- Zitronensaft, Öl, Salz, Pfeffer, Zucker und etwas Wasser versprudeln und über das Sauerkraut gießen.
- Die Zwiebel fein hacken und mit den übrigen Zutaten untermischen.

Sauerkrautstrudel (für 6 Personen)

Teig:	
25 dag	*Weizenmehl*
2 EL	*Öl*
ca. 1/8 l	*Wasser*
1	*Ei*
	Salz
Fülle:	
15 dag	*Zwiebel*
3	*Knoblauchzehen*
1	*rote Paprikaschote*
1	*grüne Paprikaschote*
2 EL	*Olivenöl*
25 dag	*Schafkäse*
1 kg	*Sauerkraut*
	Salz, Pfeffer
	Mehl zum Bestäuben
5 dag	*Butter*

- Den Strudelteig zubereiten, mit Öl bestreichen und unter einer angewärmten Schüssel 1/2 Std. ruhen lassen.
- Zwiebel und Knoblauch fein würfeln,
- Paprikaschoten putzen, waschen und in kleine Würfel schneiden.
- Das Gemüse in wenig Olivenöl andünsten.
- Das Sauerkraut mit der Paprika-Zwiebel-Masse vermischen und würzen.
- Den Strudelteig auf einem bemehlten Tuch ausziehen, mit etwas flüssiger Butter bestreichen.
- Die Fülle und den zerbröselten Schafkäse darauf verteilen.
- Mit Hilfe des Tuches den Strudel einrollen.
- Auf ein befettetes Blech legen und bei 190° ca. 45 Min. backen.

Sauerkrautauflauf

30 dag	*Sauerkraut*
5 gr.	*Erdäpfel*
	Salz, Pfeffer
1	*Zwiebel*
	Butter
	Lorbeerblatt
10 dag	*würziger Bergkäse*
2 dag	*Butter*

- Erdäpfel kochen, schälen und durch die Erdäpfelpresse drücken.
- Sauerkraut mit dem Lorbeerblatt nicht zu weich kochen.
- In einer Pfanne die gehackte Zwiebel glasig anlaufen lassen, das gekochte, abgetropfte Sauerkraut dazugeben und kurz mitrösten.
- Etwa 1/3 der zerdrückten Erdäpfel unter das Sauerkraut mischen, mit Salz und Pfeffer würzen.
- Eine Auflaufform fetten und das Sauerkraut hineingeben.
- Geriebenen Käse unter die restlichen Erdäpfel mischen, etwas pfeffern.
- Die Masse auf dem Sauerkraut verteilen.
- Die Oberfläche glatt streichen, mit Käse und Butterflöckchen bestreuen.
- Im vorgeheizten Rohr ca. 1/2 Std. überbacken.

Blaukrautsalat

40–60 dag	*Blaukraut*
	Salz
	Saft einer Zitrone
2	*Äpfel*
12 dag	*Speck*
	Pfeffer
1 Schuß	*Apfelessig*
1 TL	*Kümmel*

- Das Blaukraut putzen, feinnudelig schneiden und in genügend Salz-Kümmel-Wasser blanchieren.
- Rasch kalt abspülen, gut abtropfen lassen.
- Das ausgekühlte Kraut mit Salz, Pfeffer und Apfelessig marinieren, kalt stellen.
- Die Äpfel waschen, halbieren (das Kerngehäuse entfernen), in Stücke schneiden, mit Zitronensaft beträufeln und unter das Kraut mengen.
- Den kleinwürfelig geschnittenen Speck in einer Pfanne auslassen und heiß über den Salat gießen.

Anmerkung: Man kann das Blaukraut auch mit 1 EL Preiselbeerkompott verfeinern.

Blaukraut

60–80 dag	*Blaukraut*
1/8 l	*Orangensaft*
1/16 l	*Zitronensaft*
4 EL	*Preiselbeerkompott*
1/8 l	*Rotwein*
1	*Apfel*
	Salz

- Das feingehobelte Blaukraut mit dem feinblättrig geschnittenen Apfel und allen anderen Zutaten vermengen;
- über Nacht ziehen lassen, am nächsten Tag dünsten und bei Bedarf abschmecken.

Anmerkung: Herrlich zu jedem Wildgericht.

Blaukrautrouladen mit Grünkern (für 6 Personen)

1	*Blaukraut*
2	*Zwiebeln*
2 dag	*Butterschmalz*
20 dag	*Grünkernschrot*
ca. 1/2 l	*Gemüsesuppe*
2 EL	*Walnüsse*
15 dag	*Topfen*
	Kräuter (Kerbel, Petersilie)
	Salz, Pfeffer
	gemahlener Koriander
1/4 l	*Süßmost*
1/2 B.	*Sauerrahm*
	Fett zum Braten

- Blaukraut putzen, halbieren und den Strunk herausschneiden.
- In kochendem Salzwasser blanchieren und 12 schöne Blätter beiseite legen.
- Gehackte Zwiebeln und Grünkernschrot in Fett anschwitzen, mit Gemüsesuppe aufgießen.
- Aufkochen und zugedeckt bei geringer Hitze ca. 20 Min. köcheln; anschließend nachquellen lassen.
- Gehackte Walnüsse in der heißen Pfanne goldgelb rösten.
- Topfen und Grünkernmasse mit den Kräutern und den Gewürzen glattrühren.
- Pikant abschmecken und in die Blaukrautblätter füllen, zusammenrollen.
- In wenig Fett anbraten, mit Süßmost aufgießen und zugedeckt 1/2 Std. bei 180° im Rohr dünsten.

Anmerkung: Vor dem Servieren die Rouladen mit Sauerrahm und Kräutern garnieren.

Karfiol mit Haube

1	*Karfiolrose*
25 dag	*Faschiertes*
1	*Semmel*
	Salz, Pfeffer
	Senf
	Muskatnuß
1	*gehackte Zwiebel*
2 dag	*Fett*
1/4 l	*Karfiolwasser*
2 EL	*Maizena*
2	*Dotter*
5 dag	*Hartkäse*
1/4 l	*Milch*
2	*Eiklar*
2 EL	*Parmesan*
	Paprikapulver

- Karfiol in Salzwasser weichkochen.
- Faschiertes mit eingeweichter, ausgedrückter Semmel, Zwiebel und Gewürzen gut vermischen.
- Fett in Auflaufform erhitzen; das Faschierte darin anbraten.
- Den Karfiol in die Mitte setzen.
- Für die Haube das Karfiolwasser erhitzen;
- Maizena in ca. 4 EL kaltem Wasser anrühren, mit Dotter, geriebenem Käse und Milch versprudeln, kurz aufkochen lassen.
- In das Karfiolwasser einrühren, mit Salz und Muskat abschmecken.
- Aus den Eiklar Schnee schlagen und unterheben.
- Die Masse über den Karfiol geben, mit Käse und Paprika bestreuen.
- Den Karfiol im vorgeheizten Rohr bei 200° 20 Min. überbacken.

Anmerkung: Dazu reichen Sie eine Schnittlauchsoße.

Karfiolauflauf

1	*Karfiolrose*
	Salz
	Butter
20 dag	*gekochte Erdäpfel*
15 dag	*Schinken*
10 dag	*geriebener Bergkäse*
Soße:	
4 dag	*Butter*
1	*Zwiebel*
4 dag	*Mehl*
1/4 l	*Rindsuppe*
1 B.	*Obers*
	Salz, Pfeffer
1 TL	*Aniskörner*
2	*Dotter*

- Karfiol waschen und in Salzwasser nicht zu weich kochen.
- In Röschen zerteilen und in eine gefettete Auflaufform legen.
- Die in Scheiben geschnittenen Erdäpfel und den kleingeschnittenen Schinken darüberstreuen.
- Für die Soße gehackte Zwiebel in Butter anschwitzen, Mehl dazugeben und mit Suppe ablöschen;
- kurz einkochen lassen.
- Mit Salz, Pfeffer und Anis würzen.
- Dotter mit Obers vermischen und einrühren; schwach kochen lassen.
- Die Soße gleichmäßig über den Auflauf verteilen;
- mit Käse bestreuen und bei 200° im Rohr 15–20 Min. backen.

Anmerkung: Sie können den Schinken auch weglassen und dafür bißfest gekochte Karottenwürfel nehmen.

Karfiollaibchen

2	*Karfiolrosen*
5 dag	*Butter*
2	*Eier*
6 EL	*Grieß*
	Salz
	Petersiliengrün
	Brösel
	Fett zum Braten

- Karfiol weich kochen, abtropfen lassen und faschieren.
- Butter mit Eiern, Grieß, Salz und Petersilie verrühren; etwas ziehen lassen.
- Mit faschiertem Karfiol vermengen.
- Laibchen formen, in Bröseln wälzen und in heißem Fett braten.

Anmerkung: Gut schmecken die Laibchen auch, wenn Sie eine Karotte in die Masse reiben.

Broccolisalat mit Karotten

40 dag	*Broccoli*
20 dag	*Karotten*
1	*Frühlingszwiebel*
2	*Knoblauchzehen*
	Petersilie
	Schnittlauch
	Dill
6 EL	*Rapsöl*
6 EL	*Rotweinessig*
	Salz
	weißer Pfeffer
	Salatblätter zum Auslegen

- Broccoli waschen, putzen, zerteilen und in Salzwasser 5–8 Min. blanchieren.
- Mit kaltem Wasser abspülen und abtropfen lassen.
- Die Karotten waschen, schälen und in Stifte schneiden.
- Die Kräuter fein hacken und mit Essig, Öl, etwas Wasser, Salz und Pfeffer gut verrühren.
- Diese Marinade mit gehackter Zwiebel, Knoblauch, Broccoli und Karotten vermengen.
- Eine Schüssel mit marinierten Salatblättern auslegen, den Salat anrichten und mit Weißbrot zu Tisch bringen.

Broccolicremesuppe

50 dag	*Broccoli*
1	*Zwiebel*
2 EL	*Butter*
2–3 EL	*Vollkornmehl*
1 l	*Gemüsesuppe*
	Salz
	weißer Pfeffer
1 Prise	*Cheyennepfeffer*
	Muskat
4 EL	*Crème fraîche*
2 dag	*Mandelblättchen*
	Zitronenmelisse

- Broccoli putzen, in kleine Röschen teilen und waschen; gut abtropfen lassen und grob hacken.
- Zwiebel fein hacken und in Butter glasig dünsten.
- Broccoliröschen dazugeben und kurz mitdünsten.
- Mit dem Vollkornmehl stauben und mit der Suppe aufgießen.
- Kräftig würzen und bei mäßiger Hitze ca. 10 Min. kochen lassen.
- Anschließend die Suppe pürieren und nochmals erhitzen.
- Crème fraîche unterrühren.
- Die Suppe mit gerösteten Mandelblättchen und etwas Zitronenmelisse garnieren.

Broccolischöberlsuppe

5 dag	*Butter*
3	*Eier*
8 dag	*Mehl*
	Salz, Pfeffer
1 kl.	*Zwiebel*
30 dag	*Broccoli*
2 dag	*Butter*
	Parmesan
	Butter und Brösel
	Petersilie
1 l	*Suppe*

- Broccoli waschen, putzen und hacken.
- Zwiebel fein hacken, in Butter glasig anrösten.
- Broccoli zugeben, andünsten, erkalten lassen.
- Butter mit einer Prise Salz schaumig rühren, nach und nach Dotter unterrühren.
- Eiklar mit etwas Salz zu steifem Schnee schlagen.
- Mit Mehl und Broccoli unter den Dotterabtrieb heben.
- Die Masse fingerhoch auf ein befettetes, mit Bröseln bestreutes Blech streichen.
- Mit geriebenem Parmesan bestreuen und im vorgeheizten Rohr bei 210° 15–20 Min. backen.
- Die Schöberln in beliebige Formen schneiden und als Einlage in die heiße Suppe geben.
- Mit Petersilie bestreut servieren.

Anmerkung: Diese Schöberln eignen sich ausgezeichnet zum Einfrieren.

Broccoli mit Joghurtsoße

50 dag	*Broccoli*
1 1/2 B.	*Joghurt*
1	*Knoblauchzehe*
3–4	*Minzeblätter*
	Pfeffer

- Broccoli im geschlossenen Topf mit Siebeinsatz und wenig Wasser 12–15 Min. garen.
- Inzwischen Joghurt mit Knoblauch, Minze und Pfeffer in einer Pfanne erhitzen und rühren, bis die Soße dick wird.
- Broccoli abtropfen lassen und in eine Servierschüssel geben.
- Die Joghurtsoße darübergießen und servieren.

Anmerkung: Dazu getoastetes Knoblauchbrot reichen.

Broccoli mit Käsesoße

75 dag	*Broccoli*
1	*Zwiebel*
2 dag	*Butter*
1 dag	*Mehl*
1/8 l	*Gemüsesuppe*
5 dag	*geriebener Käse*
3 EL	*Obers*

- Broccoli waschen, Stengel einkürzen und 10 Min. in Salzwasser garen.
- Die gehackte Zwiebel in Butter andünsten.
- Mit Mehl stauben und mit der Suppe ablöschen.
- Käse und Obers dazugeben.
- Den Broccoli mit der Soße übergießen.

Anmerkung: Broccolistengel kreuzweise einschneiden, so wird der Broccoli gleichmäßig gar.

Broccoli-Karottenstrudel

30 dag	*Broccoli*
30 dag	*Karotten*
1 gr.	*Zwiebel*
300 g	*Blätterteig*
1 Prise	*Chilipfeffer*
1/4 l	*Sauerrahm*
1/8 l	*Joghurt*
3	*Eier*
2 EL	*glattes Mehl*
	Salz, Pfeffer
	Dotter zum Bestreichen
	Fett

- Broccoli zerkleinern, Karotten würfeln und in Salzwasser blanchieren.
- Kalt abschrecken und abtropfen lassen.
- Den Blätterteig ausrollen, mit dem Gemüse belegen und mit der feingehackten Zwiebel und dem Chilipfeffer bestreuen.
- Sauerrahm mit Joghurt, Eiern, Mehl, Salz und Pfeffer versprudeln.
- Über das Gemüse gießen und das Ganze zu einem Strudel rollen.
- Mit Dotter bestreichen und auf einem befetteten Backblech im vorgeheizten Rohr bei ca. 210° etwa 1/2 Std. backen.
- Auf dem Blech noch kurz rasten lassen und heiß portionieren.

Broccolitorte

Mürbteig:	
25 dag	*Mehl*
12 dag	*Butter*
1	*Ei*
	Salz
Fülle:	
75 dag	*Broccoli*
1	*Knoblauchzehe*
1/8 l	*Schlagobers*
20 dag	*Schinken*
5 dag	*Parmesan*
4	*Eier*
	Salz, Pfeffer

- Aus den Zutaten einen Mürbteig bereiten und 1/2 Std. kalt rasten lassen.
- Eine Tortenform fetten und bemehlen, den Teig ausrollen, die Form damit auslegen und einen 5 cm hohen Rand formen.
- Den Boden mit der Gabel ein paarmal anstechen und hellgelb vorbacken.
- Broccoli putzen, waschen und in kleine Röschen teilen.
- Broccoli und Knoblauch in Salzwasser bißfest garen, abtropfen lassen.
- Eier mit Obers, Parmesan, Salz und Pfeffer verquirlen.
- Broccoli auf den Teigboden legen, den in Würfel geschnittenen Schinken darüber verteilen, mit Obers-Ei-Gemisch übergießen.
- Im vorgeheizten Rohr bei 200° ca. 45 Min. backen.

Anmerkung: Anstelle von Broccoli können Sie auch 60 dag verschiedenes Gemüse der Saison nehmen.

Broccoli mit Käse überbacken

1 kg	*Broccoli*
10 dag	*durchwachsener Speck*
10 dag	*geriebener Emmentaler*
3 dag	*Butter*
	Salz

- Broccoli putzen und waschen.
- In 1/2 l Salzwasser ca. 12 Min. kochen.
- Speck würfelig schneiden und in einer Pfanne ausbraten.
- Broccoli abtropfen lassen und in eine feuerfeste Form legen.
- Speckwürfel und Käse darüber verteilen;
- mit Butterflöckchen belegen.
- Im vorgeheizten Rohr bei 200° ca. 10 Min. überbacken, bis der Käse goldgelb ist.

Anmerkung: Broccoli zum Kochen in einen großen Topf stellen, sodaß nur die Stiele im Wasser sind. Zugedeckt garen.

Kohlsuppe

1 kl.	*Kohlkopf*
2	*Karotten*
1/2	*Sellerieknolle*
1	*Petersilwurzel*
	etwas Petersiliengrün
5 dag	*Butter*
1 EL	*glattes Mehl*
1	*Dotter*
1 l	*Rindsuppe*
	Salz, Pfeffer

- Kohl in grobe Streifen, Karotten, Sellerie und Petersilwurzel in Scheiben schneiden.
- Alles in Butter anrösten, mit Mehl stauben und mit Rindsuppe aufgießen.
- Salz, Pfeffer und geschnittenes Petersiliengrün dazugeben.
- In etwa 15–20 Min. weich kochen.
- Die nicht mehr kochende Suppe mit dem Dotter binden und mit gehackter Petersilie bestreuen.

Kohl-Reis-Suppe

1/2	*Kohlkopf*
1 kl.	*Zwiebel*
1	*Knoblauchzehe*
15 dag	*Reis*
1 1/2 l	*Suppe*
5 dag	*Fett*
2 EL	*Emmentaler*
	Salz, Pfeffer
	Majoran
	Petersilie

- Den Kohl in Streifen schneiden, mit kochendem Wasser überbrühen und abseihen.
- Zwiebel, Knoblauch, Majoran und Petersilie in Fett anschwitzen.
- Kohl und Reis hinzufügen, kurz durchrösten und mit 1/4 l Suppe aufgießen.
- So lange dünsten lassen, bis der Reis weich ist.
- Mit der restlichen Suppe aufgießen und mit Salz und Pfeffer würzen.
- Vor dem Servieren mit geriebenem Emmentaler bestreuen.

Kohl mit Lammfleisch

1 kl.	*Kohlkopf*
50 dag	*Lammfleisch (Brust od. Schulter)*
3/8 l	*Wasser*
3	*Zwiebeln*
1	*Knoblauchzehe*
2 EL	*Butterschmalz*
5	*Karotten*
1	*Suppenwürfel*
	Salz, Pfeffer
	Thymian
	Oregano

- Zwiebeln halbieren und in Ringe schneiden.
- Fleisch in Würfel schneiden und alles in heißem Fett anbraten.
- Mit Salz, Pfeffer und Kräutern würzen und mit 3/8 l Wasser aufgießen.
- Suppenwürfel und gehackten Knoblauch beifügen und ca. 45 Min. zugedeckt dünsten.
- Kohl in Streifen, Karotten in Scheiben schneiden und beides zum Fleisch geben.
- Fertig dünsten und nochmals mit Salz und Pfeffer kräftig abschmecken.

Anmerkung: Sie können das Kohlgericht mit 2 EL Sauerrahm binden.

Kohllaibchen mit Speck

70 dag	*Kohl*
10 dag	*Speck*
1 gr.	*Zwiebel*
2–3 EL	*Öl*
1	*Ei*
4 dag	*Mehl*
3–4 EL	*Semmelbrösel*
	Salz, Pfeffer
	Muskatnuß
	Öl oder Butterschmalz

- Kohl putzen, vierteln, mit dem Strunk in Salzwasser kernig kochen.
- Abkühlen, Strunk entfernen und den Kohl klein schneiden.
- Speck und Zwiebeln klein würfeln, in Öl anrösten.
- Mit Kohl, Ei und Mehl vermengen, würzen.
- Mit Semmelbröseln binden.
- Laibchen formen und in Fett herausbacken.

Kohlpfanne

1	*Kohlkopf*
40 dag	*Faschiertes*
	Salz, Pfeffer
1	*Zwiebel*
1	*Semmel*
1	*Ei*
	Majoran
5 dag	*Speckwürfel*
1 B.	*Sauerrahm*

- Kohlblätter in siedendem Salzwasser blanchieren.
- Aus dem Faschierten, den Gewürzen, der eingeweichten Semmel und dem Ei eine Fleischfülle bereiten.
- Eine Auflaufform einfetten, Kohlblätter und die Fleischfülle abwechselnd schichtweise einfüllen, mit Kohlblättern abschließen.
- Darauf den kleingewürfelten Speck verteilen, ca. 1/2 Std. im Rohr garen.
- Dann den Rahm darübergießen und nochmals einige Minuten überbacken.

Kohlgemüse

60 dag	*Kohl*
8 dag	*Speck*
2	*Schalottenzwiebeln*
4 dag	*Butter*
	Salz, Pfeffer
	Muskat
1 TL	*Essig*
2 EL	*Obers*
1/8 l	*Wasser*

- Kohl putzen und in feine Streifen schneiden.
- Schalotten hacken, Speck würfeln und beides in einer Pfanne anschwitzen.
- Kohl und Wasser dazugeben, zugedeckt auf kleiner Flamme weich dünsten.
- Mit Essig und Gewürzen abschmecken.
- Obers steif schlagen und unterheben.

Anmerkung: Paßt als Hauptgericht oder als Beilage zu Fleischgerichten.

Kohlrouladen mit Champignon-Reis-Füllung

1	*Kohlkopf*
30 dag	*Champignons*
etwas	*Butter*
1/16 l	*herber Weißwein*
10 dag	*feingehackte Zwiebel*
3	*Knoblauchzehen*
1/16 l	*Obers*
50 dag	*Paradeiser*
	Salz, Pfeffer
1 EL	*grob gehacktes Bohnenkraut*
etwas	*Essig*
1–2 EL	*Sauerrahm*
40 dag	*gedünsteter Reis*

- Den Kohl putzen und den ganzen Kopf 5 Min. in kochendem Salzwasser blanchieren.
- Vorsichtig 4 schöne Kohlblätter ablösen. (Sind die inneren noch zu hart, den Kohl erneut in das kochende Wasser legen.)
- Bei jedem Blatt ca. 4 cm vom Strunkende wegschneiden und die größten Blätter an den Seiten etwas stutzen.
- In die Mitte eines jeden Kohlblattes 2–3 EL der Fülle geben, die Seiten einschlagen und das Blatt fest zusammenrollen.

Fülle:

- Den restlichen Kohl (ca. 30 dag) grob schneiden, mit Zwiebeln, Knoblauch und blättrig geschnittenen Champignons in Butter andünsten,
- mit Obers und Weißwein aufgießen und sämig einkochen lassen, würzen.
- Den gedünsteten Reis untermischen.
- Die enthäuteten Paradeiser zerkleinern und in einer Kasserolle kurz einkochen lassen.
- Die Kohlrouladen (mit der „Naht" nach unten) dicht aneinander legen, sodaß sie zu 2/3 mit Paradeisern bedeckt sind.
- Im vorgeheizten Rohr bei 180–200° zugedeckt 1/2 Std. dünsten.
- Die Rouladen herausnehmen, Paradeiser mit Salz, Pfeffer, Bohnenkraut, Essig und etwas Sauerrahm abschmecken.

Grünkohlsuppe mit Schwammerln

25 dag	*Grünkohl*
10 dag	*Schwammerln*
5 dag	*mageres Geselchtes*
3 dag	*Butter*
etwas	*Zitronensaft*
1 l	*Wasser*
	Kräuter
	(Bohnenkraut,
	Majoran, Petersilie)
	Salz, Pfeffer
	Kümmel
	Muskat
1 EL *1/16 l*	*Crème fraîche od.* *Obers*

- Blättrig geschnittene Schwammerln mit gehackter Petersilie in Butter anschwitzen.
- Mit Salz, Muskat und Zitronensaft würzen.
- Den nudelig geschnittenen Grünkohl beifügen und 3–4 Min. unter Rühren mitgaren.
- Mit Wasser aufgießen und 15 Min. köcheln lassen.
- Gewürfeltes Geselchtes, restliche Gewürze und Kräuter dazugeben.
- Crème fraîche od. Obers einrühren.

Anmerkung: Mit gerösteten Schwarzbrotwürfeln servieren.

Chinakohl mit Kren

1/2 Stde.	*Chinakohl*
2	*Äpfel*
1/2 B.	*Joghurt*
1/2 B.	*Sauerrahm*
2 EL	*Obstessig*
	Salz
1/2 TL	*Honig*
	Petersilie
1 EL	*geriebener Kren*

- Chinakohl und Äpfel feinnudelig schneiden.
- Aus den übrigen Zutaten eine Soße bereiten;
- mit Chinakohl und Äpfeln gut vermischen.

Anmerkung: Dieser Salat ist sehr saftig und eignet sich gut als Vorspeise.

Chinakohlsalat mit Speck (für 6 Personen)

50 dag	*Chinakohl*
25 dag	*durchzogener Speck*
4	*Eier*
2	*Zwiebeln*
2 B.	*Crème fraîche*
2 EL	*Weinessig*
4 EL	*Wasser*
	Salz, Pfeffer
	Petersilie

- Eier hart kochen und auskühlen lassen.
- Speck klein würfeln und ohne Fett anrösten.
- Zwiebeln würfeln und kurz mitrösten.
- Chinakohl putzen, waschen, halbieren und in 1 cm breite Streifen schneiden.
- Mit Speck und Zwiebeln vermengen.
- Crème fraîche, Weinessig und Wasser verrühren, mit Salz und Pfeffer kräftig würzen.
- Die Salatsoße mit dem Chinakohl vermengen.
- Eier schälen und in Spalten schneiden.
- Salat portionsweise anrichten und mit Eierspalten und Petersilie garnieren.

Anmerkung: Ein ausgiebiges Hauptgericht!

Chinakohleintopf

1 kl.	*Chinakohl*
4	*Karotten*
2	*Zwiebeln*
4	*Knoblauchzehen*
2 Bd.	*Petersilie*
40 dag	*mageres, gekochtes Selchfleisch*
2–3 EL	*Paradeismark*
	Salz, Pfeffer
1 B.	*Sauerrahm*
1–2 EL	*Mehl*

- Zwiebeln, Knoblauch und Petersilie fein hacken;
- Chinakohl feinblättrig schneiden.
- Geselchtes in Würfel, Karotten in dünne Scheiben schneiden.
- Alles zusammen in heißem Öl anbraten.
- Mit Salz und Pfeffer würzen und weich dünsten.
- Paradeismark mit Sauerrahm und Mehl verrühren, zum Chinakohl geben und kurz aufkochen lassen.
- Bei Bedarf noch abschmecken.

Gedünsteter Chinakohl

1 kl.	*Chinakohl*
	Salz
1 kl.	*Zwiebel*
5 dag	*Speck*
1/8 l	*Wasser*
	Petersilie
1 EL	*Sauerrahm*

- Chinakohl grob schneiden.
- Zwiebel und Speck würfeln und leicht anbraten.
- Chinakohl dazugeben, mit Wasser aufgießen und ca. 10 Min. dünsten.
- Mit Salz, Sauerrahm und Petersilie abschmecken.

Kohlsprossensalat

40 dag	*Kohlsprossen*
20 dag	*Karotten*
20 dag	*gelbe Rüben*
1 gr.	*Zwiebel*
	frische Kräuter
	Salz, Pfeffer
	Sherryessig
	Sonnenblumenöl
	Radicchioblätter

- Das Gemüse putzen, Karotten und gelbe Rüben kleinwürfelig schneiden.
- Kohlsprossen beim Fruchtansatz kreuzweise einschneiden
- Das Gemüse in Salzwasser nicht zu weich kochen.
- Kalt abschrecken und auskühlen lassen.
- Essig, Öl, Salz, Pfeffer und Kräuter mit Wasser verrühren.
- Zwiebelringe, Kohlsprossen, Karotten und gelbe Rüben dazugeben.
- Alles gut vermischen und 1 Std. kalt stellen.
- Die Radicchioblätter waschen, eine Salatschüssel damit auslegen und den Salat darauf anrichten.

Anmerkung: Ein delikater, vitaminreicher Salat.

Überbackene Kohlsprossen

50 dag	*Kohlsprossen*
15 dag	*Schinken*
2	*Eier*
5 dag	*Emmentaler*
1/8 l	*Sauerrahm*
	Salz, Pfeffer
	Muskat
	Butter

- Geputzte Kohlsprossen in Salzwasser halbweich kochen.
- Abseihen und mit dem grob gehackten Schinken in einer befetteten Auflaufform verteilen.
- Eier, Rahm und geriebenen Käse versprudeln und über die Kohlsprossen gießen.
- Im Rohr ca. 25 Min. überbacken.

Kohlsprossen mit Speck

50 dag	*Kohlsprossen*
15 dag	*Selchspeck*
1 kl.	*Zwiebel*

- Kohlsprossen putzen, in Salzwasser nicht zu weich kochen und abseihen.
- Speck kleinwürfelig schneiden, Zwiebel fein hacken.
- Speck anrösten und die Zwiebel mitrösten.
- Speck und Zwiebel über die heißen Kohlsprossen verteilen.

Anmerkung: Diese Kohlsprossen schmecken besonders gut zu Wildspezialitäten.

Gurken-Joghurt-Suppe

1	*Gurke*
2 1/2 B.	*Joghurt*
1	*Knoblauchzehe*
2 TL	*frische Minze*
	Pfeffer
5 dag	*Walnüsse*
	zum Garnieren

- Die Gurke mit der Schale würfeln.
- Mit dem Joghurt, dem Knoblauch und der Minze im Mixer pürieren.
- Mit Pfeffer abschmecken, kalt stellen.
- Die Suppe mit gehackten Walnüssen garnieren und kalt servieren.

Anmerkung: Zu dieser erfrischenden Suppe schmeckt ein Vollkornsemmerl sehr gut.

Paprikarisotto

10 dag	*Speck*
2	*Zwiebeln*
2	*rote Paprika*
2	*grüne Paprika*
20 dag	*Reis*
1	*Suppenwürfel*
25 dag	*Paradeiser*
	Salz, Pfeffer
	Basilikum
	Oregano

- Speck in kleine Würfel schneiden und anbraten.
- Zwiebeln und Paprika würfelig schneiden und kurz mitbraten.
- Reis beigeben, mit 1/2 l Wasser aufgießen und den Suppenwürfel einstreuen.
- Auf kleiner Flamme dünsten.
- Vor Ende der Garzeit die enthäuteten, in kleine Würfel geschnittenen Paradeiser dazugeben und kurz mitdünsten.
- Mit Salz, Pfeffer und Kräutern abschmecken.

Gefüllte Paprika

4	*Paprika*
1 Tasse	*Vollreis*
1	*Karotte*
4 EL	*Erbsen*
40 dag	*Champignons*
	Petersilie
3	*Knoblauchzehen*
1/2	*Zwiebel*
3	*Nelken*
	Butter
	Salz
	Lorbeerblatt
1/2 l	*Wasser*

- Paprika waschen, aushöhlen und kurz blanchieren.
- Die Karotten und Erbsen sowie die geviertelten Champignons separat blanchieren.
- Den Reis mit Wasser, der mit Nelken gespickten Zwiebel, dem Lorbeerblatt und dem Salz aufkochen und im Rohr ca. 1 Std. bei 160° quellen lassen.
- Erbsen, Karotten, Champignons, gehackten Knoblauch und Petersilie unter den Reis mischen, mit etwas Butter vollenden und bei Bedarf nachwürzen.
- In die Paprika füllen und in eine befettete Form geben; im Rohr bei 180° ca. 15 Min. backen.

Anmerkung: Mit pikant abgeschmeckter Paradeissoße servieren.

Überbackene Paradeiser in Kräutersoße

8	*Paradeiser*
20 dag	*Schinken*
10 dag	*Emmentaler*
1/8 l	*Sauerrahm*
2	*Eier*
	Salz, Pfeffer
	Muskatnuß
etwas	*Butter*
Soße:	
3 dag	*Butter*
1 EL	*Mehl*
1/4 l	*Rindsuppe*
3 EL	*Kräuter*
	Obers
	Salz
	weißer Pfeffer
	Muskatnuß

- Paradeiser waschen, halbieren und aushöhlen.
- Schinken fein schneiden, Emmentaler fein reiben.
- Mit Rahm, Eiern und Muskatnuß in einer Schüssel vermengen.
- Paradeiser mit dieser Masse füllen und im Rohr überbacken.

Für die Soße:

- aus Butter und Mehl eine Einmach zubereiten, mit Rindsuppe aufgießen.
- 5 Min. langsam kochen lassen.
- Feingehackte Kräuter einrühren.
- Mit etwas Obers und den Gewürzen gut abschmecken.

Anmerkung: Verwenden Sie für die Soße nur frische Kräuter, so schmeckt sie noch feiner.

Gefüllte Paradeiser

5 gr.	*Paradeiser*
10 dag	*Reis*
2	*grüne Paprika*
5 dag	*geriebener Käse*
1	*Ei*
1 EL	*Rahm*
	Salz, Pfeffer
etwas	*Fett*

- Paradeiser halbieren, aushöhlen und leicht salzen.
- Reis weichdünsten, auskühlen lassen.
- Paprika in Streifen schneiden, mit Käse, Ei und Rahm vermischen.
- Mit Salz und Pfeffer würzen.
- Die Paradeiser mit dieser Masse füllen, in eine gefettete Auflaufform setzen und ca. 15–20 Min. im Rohr backen.

Paradeiser – pikant gefüllt

8 mittelgr.	*reife Paradeiser*
15 dag	*Zucchini*
10 dag	*Melanzani*
1 mittelgr.	*Zwiebel*
2 EL	*Gartenkresse od. Petersilie*
1 TL	*Zitronensaft*
1	*Knoblauchzehe*
	Salz
15 dag	*Emmentaler*
1 TL	*Öl*
	weißer Pfeffer
5 dag	*Butter*

- Die Paradeiser waschen, den Deckel abschneiden und das Mark herausnehmen.
- Zwiebel klein würfeln, Zucchini und Melanzani in sehr kleine Würfel schneiden, den Knoblauch fein zerdrücken.
- Zwiebel in Butter kurz anschwitzen, Gemüsewürfel und Paradeismark dazugeben, gut durchrühren und mit den Gewürzen abschmecken.
- Zugedeckt auf kleiner Flamme 10 Min. dünsten lassen.
- 2/3 vom Käse und die Kresse dazugeben.
- Die Paradeiser in eine befettete Auflaufform stellen, mit dem Ragout füllen und den restlichen Käse darüberstreuen.
- Im vorgeheizten Rohr bei 200° überbacken.

Zucchinisalat

4 mittelgr.	*Zucchini*
	Apfelessig
	Knoblauch
	Dill
	Kernöl
	Wasser
1 rote	*Zwiebel*
	Kräutersalz

- Zucchini waschen, halbieren und feinblättrig schneiden.
- Mit allen Zutaten mischen und verrühren.
- Anrichten und mit Zwiebelringen garnieren.

Anmerkung: Verwenden Sie statt Essig und Öl einmal Kefir oder Sauerrahm.
Variante: Gerieben und mit Karotten gemischt, schmecken Zucchini sehr gut.

Zucchinicremesuppe

4 mittelgr.	*Zucchini (40 dag)*
1 gr.	*Zwiebel*
1 l	*Rindsuppe*
	Salz, Pfeffer
1/8 l	*Obers*
1	*Semmel*
	Butter
	Schnittlauch od. Dill

- Zucchini und Zwiebel würfelig schneiden.
- In Butter anschwitzen, mit etwas Suppe aufgießen und weichdünsten.
- Pürieren, mit der restlichen Suppe aufgießen und würzen.
- Mit Obers legieren und anrichten.
- Semmelwürfel in Butter goldgelb rösten und auf die Suppenportionen verteilen.

Anmerkung: Mit einem kleinen Tupfen Schlagobers und mit Schnittlauch oder Dill garnieren.

Zucchinilaibchen

80 dag	*Zucchini*
20 dag	*Mehl*
20 dag	*Grieß*
2	*Eier*
1 Bd.	*Dill*
	Salz, Pfeffer
	Semmelbrösel
1/2 B.	*Sauerrahm*
	Paprikapulver

- Zucchini schälen, reiben, leicht salzen und gut ausdrücken.
- Dill fein hacken.
- Zucchini, Dill, Mehl, Grieß, Eier, Salz und Pfeffer gut vermengen.
- Aus dieser Masse Laibchen formen, in Bröseln wenden und beidseitig goldbraun backen.
- Beim Anrichten auf jedes Laibchen 1 Löfferl Sauerrahm geben und mit Paprika bestreuen.

Gefüllte Zucchinischnitzerln

2 gr.	*Zucchini*
10–15 dag	*Schinken*
10 dag	*Gouda*
	Mehl
	Eier
	Semmelbrösel
	Fett zum Backen

- Zucchini in 1/2 cm dicke Scheiben schneiden.
- Jeweils zwischen 2 Zucchinischeiben 1 Blatt Käse und 1 Blatt Schinken legen.
- Panieren und in reichlich heißem Fett backen.

Anmerkung: Dazu servieren Sie Sauce Tartare und grünen Salat.

Gebackene Zucchini mit Schnittlauchsoße

4	*Zucchini*
	Saft einer Zitrone
	Salz
4	*Eier*
	Mehl
	Semmelbrösel
	Fett zum Backen
Soße:	
2	*Semmeln*
2	*hartgekochte Eier*
8 EL	*Schnittlauch*
etwas	*Zucker*
etwas	*Essig*
Mayonnaise:	
2	*Dotter*
	Salz, Senf, Essig
1/4 l	*Öl*

- Zucchini waschen und in 1/2 cm dicke Scheiben schneiden.
- Salzen, mit Zitronensaft beträufeln, in Mehl, Eiern und Semmelbröseln panieren und in heißem Fett herausbacken.
- Für die Soße aus den angegebenen Zutaten eine Mayonnaise rühren.
- Die eingeweichten, ausgedrückten Semmeln und die Eier passieren und den Schnittlauch unterrühren.
- Mit der Mayonnaise vermischen und mit etwas Zucker und Essig abschmecken.

Anmerkung: Gebackenes Gemüse immer auf Küchenkrepp abtropfen lassen.

Zucchinistrudel (für 6–8 Personen)

Topfenmürbteig	
(für 2 Strudel):	
25 dag	*Topfen*
25 dag	*Butter*
25 dag	*feines Dinkelvollmehl*
	Salz, Ei
Fülle:	
1 kg	*Zucchini*
1 kl.	*Zwiebel*
1	*Ei*
5 dag	*Parmesan*
10 dag	*Schinken*
10 dag	*Emmentaler*
	Salz, Pfeffer, Oregano

- Aus den Zutaten einen Mürbteig bereiten und 1/2 Std. kalt rasten lassen.
- Zwiebel und Zucchini klein schneiden und anbraten.
- In die erkaltete Masse das Ei und den geriebenen Parmesan einrühren.
- Schinken und Emmentaler würfeln und ebenfalls dazugeben.
- Mit Salz, Pfeffer und Oregano würzen.
- Den Mürbteig ausrollen, mit der Fülle belegen und zusammenschlagen.
- Mit Ei bestreichen und im Rohr ca. 45 Min. backen.

Anmerkung: Der Topfenmürbteig reicht für 2 Strudel und läßt sich kurzfristig gut einfrieren.

Überbackene Zucchini

4 kl.	*Zucchini*
	Öl
1/2 l	*Paradeissoße*
5 dag	*Käsescheiben*

- Zucchini halbieren, in 1 cm dicke Scheiben schneiden, salzen, in Öl anbraten und in eine feuerfeste Pfanne schichten.
- Mit dicker, würziger Paradeissoße übergießen, mit Käsescheiben belegen und im Rohr goldbraun überbacken.

Anmerkung: Dazu Knoblauchbrot und Salat servieren!

Zucchinitorte

30 dag	*Blätterteig*
60 dag	*Zucchini*
3	*reife Paradeiser*
3	*Zwiebeln*
5	*Knoblauchzehen*
1/2 Bd.	*Petersilie, gehackt*
Überguß:	
4	*Eier*
1/8 l	*Milch*
10 dag	*geriebener*
	Emmentaler
	Salz, Pfeffer
	Muskat
	Oregano
	Fett zum
	Anbraten

- Zucchini hacheln, Paradeiser enthäuten und kleinwürfelig schneiden.
- Gehackte Zwiebeln und Knoblauch in Fett anschwitzen, Zucchini dazugeben und kurz mitrösten.
- Vom Herd nehmen, Paradeiswürfel dazugeben, abschmecken und überkühlen lassen.
- Blätterteig messerrückendick ausrollen, in eine mit Wasser benetzte, flache Backform (26 cm Durchmesser, 2 cm hoch) drücken.
- Fülle daraufgeben, mit dem verrührten Überguß begießen.
- Im vorgeheizten Rohr bei 200° ca. 40 Min. backen; nach halber Garzeit um 30° reduzieren.

Anmerkung: Schmeckt kalt und warm sehr gut.

Zucchinigemüse

1 mittelgr.	*Zucchini*
	Butter
1	*Zwiebel*
2	*Knoblauchzehen*
	Dill
1	*grüner Paprika*
	Salz, Pfeffer
	Kümmel
1 EL	*Paradeismark*
2 EL	*Sauerrahm*
etwas	*Essig*
1 EL	*Mehl*
	Suppe

- Zucchini entkernen und feinnudelig schneiden, salzen, ca. 10 Min. ziehen lassen und ausdrücken.
- Zwiebelwürfel in Butter anlaufen lassen.
- Dill und Paprika hacken, zerdrückten Knoblauch, Paradeismark und Kümmel beigeben.
- Zucchini dazugeben und ca. 10–12 Min. dünsten.
- Sauerrahm mit Mehl verrühren und das Gemüse damit binden
- Mit Salz, Pfeffer und Essig abschmecken und nach Bedarf mit etwas Suppe aufgießen.

Gedünstete Zucchini

1 kg	*Zucchini*
1 kl.	*feingehackte Zwiebel*
1	*Knoblauchzehe*
	Olivenöl
	Salz, Pfeffer
	feingehackte Petersilie

- Ungeschälte Zucchini halbieren (Kerne entfernen) und in 3 cm lange Stäbchen schneiden.
- Zwiebel und Knoblauch in Olivenöl andünsten.
- Zucchini dazugeben, salzen, pfeffern und weichdünsten.
- Mit reichlich Petersilie bestreuen.

Anmerkung: Gewürzte Zucchinischeiben – gebraten oder vom Holzkohlengrill – schmecken besonders gut. Diese Zucchini können, übereinander geschichtet, kalt oder warm gegessen werden und sind mehrere Tage gekühlt haltbar. Viel Knoblauch verwenden!

Patissoncremesuppe mit gerösteten Weißbrotstangerln

40 dag	*Patisson*
1 kl.	*Zwiebel*
2 EL	*Olivenöl*
2 EL	*Dinkelvollmehl*
1 l	*Wasser oder klare*
	Gemüsesuppe
2 EL	*Sauerrahm*
1 Schuß	*Weißwein*
	gehackte Petersilie
	oder Kerbel
2	*Semmeln*
	etwas Butter

- Feingehackte Zwiebel in Öl anlaufen lassen, kleinwürfelig geschnittenen Patisson dazugeben, kurz anschwitzen.
- Mehl dazugeben, durchrösten, mit Wasser oder Suppe aufgießen und 15 – 20 Min. köcheln lassen.
- Im Mixbecher pürieren, mit Gewürzen, Sauerrahm und Weißwein abschmecken.
- Die Semmeln in Stangerln schneiden und in Butter goldgelb rösten.

Anmerkung: Die Suppe mit Petersilie oder Kerbel und Weißbrotstangerln anrichten.

Patisson-Eintopf

40 dag	*Patisson*
2	*Zwiebeln*
4 dag	*Butter*
45 dag	*Faschiertes*
	Salz, Pfeffer
	Majoran
	ger. Koriander
1/16 l	*Weißwein*
etwas	*Dill und Petersilie*

- Zwiebeln schälen und fein hacken;
- Patisson waschen und würfelig schneiden;
- Zwiebeln in Butter glasig andünsten,
- Faschiertes dazugeben, gut durchbraten und pikant abschmecken.
- Nun die Patissonwürfel dazugeben, mit Wein aufgießen und ca. 20–25 Min. garen lassen.
- Beim Anrichten feingehackten Dill und Petersilie darüberstreuen.

Gefüllte Patisson

10 kleine	*Patisson (8–10 cm ∅)*
1/2 kg	*mageres Faschiertes*
	Salz, Pfeffer
	Majoran, Thymian, gehackter Kümmel
	Zitronenschale
1	*Zwiebel, feingehackt*
evtl. 4 dag	*Speckwürfel*
1	*Semmel*
etwas	*Milch*
2	*Eier*
	Butterflocken
evtl. 5 dag	*geriebener Bergkäse*

- Patissonfrüchte abkappen und das Fruchtfleisch mit einem Löffel vorsichtig herausnehmen.
- Gehackte Zwiebel, Speckwürfel, zerkleinertes Fruchtfleisch und Faschiertes kurz anrösten und vom Herd nehmen.
- Eingeweichte Semmel, Eier und Gewürze untermengen.
- Pikant-würzig abschmecken.
- In die vorbereiteten Patissonfrüchte füllen und in eine Auflaufform geben.
- Mit etwas Suppe und Butterflocken bei 180° im Rohr ca. 25 Min. weich dünsten.

Anmerkung: Mit Paradeissoße und Kräutererdäpfeln anrichten. Das Gericht evtl. mit Bergkäse bestreuen.

Gratinierte Melanzani

(Auberginen, Eierfrüchte)

(für 6 Personen)	
75 dag	*Melanzani*
Fülle:	
3 dag	*Butter*
25 dag	*Zwiebel*
6–8	*Knoblauchzehen*
10 dag	*gemahlene Nüsse nach Wahl*
10 Blatt	*Basilikum*
1 Bd.	*Petersilie*
	Salz, weißer Pfeffer
	Zitronensaft
Überguß:	
1/4 l	*Sauerrahm*
1	*Ei*
5 EL	*geriebener Hartkäse*

- Melanzani in 1/2 cm dicke Scheiben schneiden, salzen und 1/2 Std. ziehen lassen.
- Mit einem Küchentuch abtrocknen und in Öl beidseitig anbraten.
- Für die Fülle 1/3 der gebratenen Melanzani, gehackte Zwiebel, Knoblauch, Nüsse und Kräuter mixen, würzen.
- In eine Auflaufform zuerst eine Schicht gebratene Melanzani legen, die Fülle darauf verteilen, mit einer Lage Melanzani bedecken.
- Sauerrahm mit Ei und Käse verrühren, über die Melanzani gießen und bei 200° im Rohr 20 Min. backen.

Anmerkung: Dazu reicht man eine Joghurtsoße aus 1/4 l Joghurt, Salz und etwas Zitronensaft.
Für dieses Gericht nur frische Kräuter verwenden!

Melanzani im Backteig

2 gr.	*Melanzani*
25 dag	*Mozzarella*
	Salz, Pfeffer
	Öl zum Ausbacken
Backteig:	
2 Tassen Mehl	
1/2 Pk.	*Trockengerm*
2 Tassen lauwarmes Wasser	
	Salz, Pfeffer

- Melanzani in dünne Scheiben schneiden, in Öl anbraten und auf Küchenkrepp abtropfen lassen.
- Mozzarella in Scheiben schneiden.
- Zwischen zwei Melanzanischeiben je eine Scheibe Mozzarella legen und gut andrücken.
- Die gefüllten Scheiben in den Backteig tauchen und in Öl ausbacken.
- Abtropfen lassen und warm stellen.

Anmerkung: Mit Knoblauch-Joghurtsoße und Fladenbrot servieren.

Honigmelone mit Rohschinken

1	*reife Honigmelone*
20 dag	*Rohschinken, hauchdünn geschnitten*

- Honigmelone waschen, halbieren.
- Mit einem Löffel Kerne und Fäden herausnehmen.
- Die Honigmelone in 2–3 cm dicke Spalten schneiden.
- Mit dem Messer das Fruchtfleisch von der Schale lösen (evtl. an einem Ende etwas Schale zur Dekoration dranlassen).
- Auf einer Platte anrichten und mit Rohschinken belegen.

Anmerkung: Reife Melonen erkennen Sie, wenn Sie mit beiden Daumen links und rechts neben dem Stielansatz drücken. Die Frucht darf nur leicht nachgeben.

Melonensalat

1	*Honigmelone*
15 dag	*Emmentaler*
15 dag	*Schinken*
2	*hartgekochte Eier*
1	*säuerlicher Apfel*
4 dag	*Walnußkerne*
Salatsoße:	
3 EL	*Sauerrahm*
2 EL	*Mayonnaise*
1 TL	*Ketchup*
1/2 TL	*Paprika edelsüß*
2 cl	*Cognac*
1 Prise	*Zucker*
	Salz, Pfeffer
3 EL	*gehackte Petersilie*

- Honigmelone halbieren, mit dem Löffel Kernschichte herausnehmen.
- In 2 cm breite Spalten schneiden und mit dem Messer das Fruchtfleisch von der Schale lösen.
- Dann in 2 cm breite Stücke schneiden.
- Schinken in Streifen und Käse in 1 cm große Würfel schneiden.
- Eier fein hacken, den Apfel würfeln, Nüsse hacken.
- Alle Zutaten in eine Schüssel geben und mit der Salatsoße gut durchmischen.
- 1/2 Std. kühl ziehen lassen und anschließend anrichten.

Anmerkung: Honigmelonen lassen sich auch sehr gut süß verarbeiten, z. B. für Fruchtsalate, Bowlen und mariniert mit Alkohol.

Kürbiscremesuppe

(Hokaido, kleiner Speisekürbis, Riesen-Speisekürbis, Butternußkürbis . . .)	
ca. 40 dag	*Kürbis, gelbfleischig*
1	*Zwiebel*
2 dag	*Butter*
3	*Knoblauchzehen*
2	*Lorbeerblätter*
	Paprikapulver
	gemahlener Kümmel
	Salz, Pfeffer
etwas	*Essig*
3/4 l	*Rindsuppe*
1/8 l	*Obers*
1 dag	*Butter*

- Zwiebel in Butter anschwitzen.
- Den grob geschnittenen Kürbis dazugeben und kurz dünsten lassen.
- Würzen und mit Rindsuppe aufgießen; 25 Min. köcheln lassen.
- Pürieren, nochmals aufkochen und mit Obers verfeinern.
- Zuletzt mit eiskalter Butter montieren.

Anmerkung: Zu besonderen Anlässen können Sie die Suppe im ausgehöhlten Kürbis servieren, den Sie vorher mit heißem Salzwasser ausgeschwemmt haben.

Kürbissuppe mit Basilikum

30 dag	*Kürbisfleisch*
15 dag	*Karotten*
1 l	*Hühnersuppe*
1 EL	*Olivenöl*
1	*Zwiebel*
15 dag	*Paradeiser*
	Pfeffer
	Zucker
2 EL	*frisches Basilikum*

- Kürbis und Karotten in Würfel schneiden und in etwas Suppe weichkochen.
- Im Mixer pürieren, in den Topf zurückgeben und mit der restlichen Suppe aufgießen.
- Kleingeschnittene Zwiebel in Öl anrösten, mit den gewürfelten, enthäuteten Paradeisern dünsten.
- Das angedünstete Gemüse in die Suppe geben.
- Mit Pfeffer, Zucker und Basilikum würzen.

Spaghettikürbis

1	*Spaghettikürbis*
3 dag	*Butterflocken*
5 dag	*ger. Parmesan*
	Kräutersalz
	Kräuter (Petersilie, Oregano, Dill)

- Den Spaghettikürbis mit Schale in Salzwasser kochen.
- Herausnehmen, sobald er sich weich anfühlt.
- Halbieren und das Kerngehäuse mit einem Löffel herausstechen.
- Die Spaghetti, die sich beim Kochen gebildet haben, in eine gebutterte Auflaufform geben; würzen.
- Mit Kräutern, Parmesan und Butterflocken bestreuen.
- Bei guter Oberhitze im Rohr gratinieren.

Anmerkung: Diese Spaghetti können Sie auch wie das Nudelgericht mit Sugo servieren.

Maisdukaten

40 dag	*frischer Zuckermais*
4	*Eier*
1	*Knoblauchzehe*
	Salz, Pfeffer
1 EL	*gehackte Kräuter (Petersilie, Kerbel, Schnittlauch)*
10 dag	*Mehl*
	Öl zum Braten

- Den abgerebelten Mais kurz blanchieren und kalt abschrecken.
- Die Maiskörner, Mehl und Eier ca. 1 Min. im Mixer pürieren.
- In eine Schüssel geben und mit Salz und Pfeffer würzen.
- Den gepreßten Knoblauch und die Kräuter beifügen.
- Die Masse löffelweise in heißes Fett geben und zu kleinen Dukaten formen.
- Beidseitig goldgelb braten.

Anmerkung: Als Beilage zu Fleisch, aber auch als Hauptspeise mit Salat zu empfehlen.

Fisoleneintopf

50 dag	*Fisolen*
20 dag	*Braunschweiger Wurst*
4 dag	*Butter*
4 dag	*Mehl*
2	*Lorbeerblätter*
1 TL	*Salz*
etwas	*Pfeffer*
1 EL	*Essig*
1 EL	*Bohnenkraut*
1	*Suppenwürfel*
1 EL	*Sauerrahm*

- Fisolen klein schneiden, in Salzwasser weich kochen, abseihen und den Sud aufheben.
- Eine Einmach zubereiten und mit dem Sud aufgießen.
- Fisolen und die in kleine Würfel geschnittene Braunschweiger dazugeben.
- Die Gewürze beigeben und noch gut ziehen lassen.
- Zuletzt den versprudelten Rahm einrühren.

Fisolengulasch

70 dag	*Fisolen*
20 dag *2–3 EL*	*Paradeiser oder* *Paradeismark*
8 dag	*durchzogener Speck*
2	*Zwiebeln*
etwas	*Butter*
2	*Knoblauchzehen*
2–3 EL	*Paprikapulver*
1/4 l	*Suppe*
	Salz, Pfeffer
	Muskat
	Kräuter (Oregano, Thymian, Estragon)
3 EL	*Mehl*
2 EL	*Sauerrahm*

- Fisolen putzen und schneiden.
- Zwiebeln hacken und anrösten, den würfelig geschnittenen Speck dazugeben.
- Mit halbsüßem Paprikapulver, Knoblauch und Salz würzen, die Fisolen dazugeben und mit der Suppe aufgießen.
- Nach halber Garzeit die geschälten Paradeiser oder das Paradeismark dazugeben und fertig dünsten.
- Mehl und Sauerrahm verrühren.
- Das Gulasch damit binden und mit Kräutern und Gewürzen abschmecken.

Fisolen im Speckhemd

40 dag	*Fisolen*
	Salz
16 Scheiben	*Hamburgerspeck*
	Fett für die Form
	Salz, Pfeffer
	Öl

- Fisolen waschen, putzen und in Salzwasser bißfest kochen.
- Fisolen in 8 Portionen teilen und jede Portion mit jeweils 2 Speckscheiben umwickeln.
- In eine hitzebeständige befettete Form legen und mit Salz und Pfeffer würzen.
- Fisolenenden mit Öl bestreichen und im Rohr bei 220° ca. 8 Min. braten.

Anmerkung: Fisolen im Speckhemd passen gut zu kurzgebratenem Rind-, Lamm- und Schweinefleisch.

Knoblauchfisolen

30 dag	*Fisolen*
8	*Knoblauchzehen*
6 EL	*Olivenöl*
2 dag	*Mehl*
1/8 l	*Suppe*
4 EL	*Petersilie*
1 TL	*Basilikum*
	Salz, Pfeffer

- Fisolen waschen, putzen und in 2 cm lange Stücke schneiden.
- In Salzwasser knackig kochen, abseihen.
- Knoblauch schälen, in dünne Scheiben schneiden und in Fett anrösten.
- Mehl unterrühren und mit Suppe aufgießen.
- Mit gehackter Petersilie, Basilikum, Salz und Pfeffer abschmecken.
- Gekochte Fisolen in die Soße geben und einmal aufkochen lassen.

Fisolengemüse

50 dag	*Fisolen*
3 dag	*Butter*
2 dag	*Mehl*
	Zwiebel
	Petersilie
	Knoblauch
	Paprikapulver
2 EL	*Sauerrahm*
	Essig

- Fisolen putzen, waschen und in 2 cm lange Stücke schneiden.
- In Salzwasser weich kochen.
- Aus Butter, Mehl und feingehackter Zwiebel eine Einmach bereiten.
- Knoblauch, gehackte Petersilie und etwas Paprikapulver dazugeben; kurz mitrösten.
- Mit ca. 1/2 l Fisolen-Kochwasser aufgießen und kurz verkochen lassen.
- Die Fisolen beifügen, zum Schluß mit etwas Essig und Sauerrahm pikant abschmecken.

Gefüllte Zwiebeln in Paradeissoße

8 mittelgr.	*Zwiebeln*
25 dag	*Faschiertes*
2	*Semmeln*
1	*Ei*
	Schnittlauch
	Petersilie
1 EL	*geriebener Kren*
1 TL	*Senf*
1/2 TL	*Paprika*
1/2 TL	*Curry*
	Salz, Pfeffer
Paradeissoße:	
50 dag	*Paradeiser*
5 dag	*Speck*
2–3	*Jungzwiebeln*
1	*Knoblauchzehe*
1 TL	*Basilikum*
	Salz
2 dag	*Butter*

- Zwiebeln schälen und in Salzwasser blanchieren.
- Von den Zwiebeln Deckel abschneiden und mit einem Teelöffel aushöhlen.
- Das Zwiebelfleisch fein hacken; mit Faschiertem, Ei, den eingeweichten, ausgedrückten Semmeln, Kräutern und Gewürzen vermischen.
- Die Zwiebeln mit dieser Masse füllen.
- Für die Soße Speck klein würfeln, mit den fein geschnittenen Jungzwiebeln in Butter anschwitzen.
- Die geschälten, gewürfelten Paradeiser dazugeben, mit Knoblauch, Salz und Basilikum würzen.
- Die Soße in eine Auflaufform füllen, die gefüllten Zwiebeln hineinstellen und im vorgeheizten Rohr bei 200° ca. 15–20 Min. garen.

Zwiebelsalat

50 dag	*Zwiebeln*
1 B.	*Sauerrahm*
1 EL	*süßer Senf*
	Essig
	Salz, Pfeffer
	Schnittlauch

- Zwiebeln in feine Ringe schneiden, mit Salz, Pfeffer und Essig kurz marinieren.
- Sauerrahm und Senf untermischen und mit Schnittlauch bestreuen.

Anmerkung: Dieser Salat paßt außer zur Jause auch vorzüglich zu gegrilltem Fleisch.

Porree-Sellerie-Salat (für 6 Personen)

2 Stangen Porree	
6	*hartgekochte Eier*
2 kl.	*Äpfel*
1 kl.	*Dose Ananas*
2 gr.	*gekochte Sellerie*
1/8 l	*Obers*
1 B.	*Joghurt*
1/8 l	*Mayonnaise*
	Salz, Pfeffer

- Porree in Scheiben schneiden, kurz in Salzwasser aufkochen und sofort abseihen, kalt abspülen.
- Eier klein hacken, Äpfel und Ananas würfelig schneiden.
- Sellerie nudelig schneiden.
- Obers steif schlagen, Mayonnaise und Joghurt unterrühren, salzen und pfeffern.
- Mit den Zutaten vermengen und durchziehen lassen.

Porreecremesuppe

50 dag	*Porree*
1/2 l	*Suppe*
1/2 l	*Milch*
5 dag	*Mehl*
1/8 l	*Sauerrahm*
	Salz
	weißer Pfeffer
	Muskatnuß

- Porree putzen, waschen und in Ringe schneiden.
- Suppe zum Kochen bringen, Porreeringe dazugeben, ca. 10 Min. weichkochen und pürieren.
- Mit Milch aufgießen.
- Mehl und Sauerrahm verrühren und die kochende Suppe damit binden.
- Mit Salz, Pfeffer und Muskat würzen und noch 2–3 Min. köcheln lassen.

Anmerkung: 2–3 EL rohe Erdäpfelwürfel mitkochen, so erspart man sich das Binden mit Mehl.

Porreeauflauf

3 Stangen	*Porree*
20 dag	*Schinken*
2	*Eier*
1/4 l	*Sauerrahm*
3 dag	*Parmesan*
	Salz
	Muskatnuß
	Butter für die Form

- Den geputzten Porree in 2 cm dicke Stücke schneiden.
- 3 Min. in kochendes Salzwasser geben und gut abtropfen lassen.
- Schinken klein schneiden, Rahm, Eier und Parmesan versprudeln, mit Salz und Muskat würzen.
- Eine feuerfeste Form mit Butter ausstreichen, den Porree locker einlegen.
- Den Schinken darauf verteilen und das Eier-Rahm-Gemisch darübergießen.
- Bei kräftiger Hitze 20 Min. goldbraun backen.

Porreekuchen mit Speck (für 6 Personen)

Teig:	
15 dag	*Dinkelvollmehl*
15 dag	*Weizenmehl*
15 dag	*Butter*
	Salz
3–4 EL	*Wasser*
1	*Ei*
Fülle:	
60 dag	*Porree*
20 dag	*Speck*
2 dag	*Butter*
1 B.	*Crème fraîche*
ca. 1/4 l	*Milch*
5	*Eier*
	Salz, Pfeffer
	Muskatnuß

- Aus den Zutaten einen Mürbteig bereiten und kalt stellen.
- Porree putzen, in Ringe schneiden;
- Speck in Streifen schneiden und in der heißen Pfanne auslassen.
- Porree zufügen, anschwitzen und die Butter dazugeben. Auskühlen lassen.
- Crème fraîche, Milch und Eier versprudeln, mit dem Porree vermischen, würzen.
- Den Teig 1/2 cm dick ausrollen;
eine Tortenform damit auslegen und einen 4 cm hohen Rand formen.
- Die Porreemasse einfüllen und glattstreichen.
- Im Rohr bei 200° ca. 45 Min. backen.

Porreerisotto mit Speck und Champignons

20 dag	*Reis*
3 Stangen	*Porree*
10 dag	*Speck*
20 dag	*Champignons*
	Salz, Pfeffer
	Oregano
	Thymian
1 Bd.	*Petersilie*
3	*Knoblauchzehen*
ca. 1/2 l	*Rindsuppe*
10 dag	*Emmentaler*
	Petersilie

- Speck in Würfel schneiden und langsam in der heißen Pfanne auslassen.
- Porreeringe und die blättrig geschnittenen Champignons beifügen und etwas mitdünsten.
- Den Reis und den gehackten Knoblauch zugeben und so lange dünsten, bis der Reis glasig wird.
- Mit Salz, Pfeffer, Thymian und Oregano würzen und mit Rindsuppe aufgießen.
- Einmal aufkochen lassen, umrühren und im vorgeheizten Rohr bei 160° ca. 45 Min. zugedeckt dünsten.
- Zum Schluß rührt man in das fertige Risotto die Petersilie ein.
- Vor dem Servieren mit geriebenem Emmentaler und Petersilie bestreuen.

Anmerkung: Dazu als Beilage frischen Salat der Saison servieren.

Porreestrudel (für 6 Personen)

Teig:	
20 dag	*Mehl*
1	*Ei*
1 EL	*Öl*
1/8 l	*lauwarmes Wasser*
1 TL	*Salz*
1 TL	*gem. Kümmel*
1 TL	*gem. Koriander*
1 EL	*Obstessig*
Fülle:	
5 dag	*Butter*
2	*Zwiebeln*
2 gr.	*Stangen Porree*
2	*Knoblauchzehen*
1 TL	*Salz*
25 dag	*Magertopfen*
12 dag	*Emmentaler*
2	*Eier*
2–3 EL	*Semmelbrösel*
	Pfeffer
	Muskatnuß
1 Bd.	*Schnittlauch*
1	*Dotter*

- Aus den Zutaten einen geschmeidigen Teig zubereiten und 1/2 Std. zugedeckt rasten lassen.
- Für die Fülle die gehackten Zwiebeln und den in Ringe geschnittenen Porree glasig dünsten.
- Salz und zerdrückte Knoblauchzehen dazugeben, kurz mitdünsten lassen, anschließend überkühlen.
- Topfen und Eier glatt rühren, Porree-Zwiebel-Mischung und den geriebenen Käse dazugeben.
- Mit Semmelbröseln mischen, Salz, Pfeffer, Muskat und Schnittlauch beimengen.
- Teig hauchdünn ausziehen, zur Hälfte mit der Topfen-Gemüse-Masse bestreichen und zu einem Strudel einrollen.
- In eine befettete Form legen und bei ca. 200° etwa 40 Min. im Rohr backen.
- Kurz vor Ende der Backzeit Dotter mit wenig Wasser verrühren und den Strudel damit bestreichen.

Karotten-Sellerie-Äpfel-Rohkost

20 dag	*Karotten*
20 dag	*Sellerie*
2–3	*säuerliche Äpfel*
3/4 B.	*Sauerrahm*
	Zitronensaft
5 dag	*Nüsse*

- Karotten, Sellerie und Äpfel fein reißen.
- Mit Zitronensaft beträufeln und mit Sauerrahm vermischen.
- Die einzelnen Portionen mit den geriebenen Nüssen bestreuen.

Karottencremesuppe

40 dag	*Karotten*
2 gr.	*Erdäpfel*
1 kl.	*Sellerieknolle*
2	*Zwiebeln*
1–2 EL	*Butter*
1 l	*Wasser*
2 TL	*Salz*
	Pfeffer
1/2 B.	*Crème fraîche*
1 EL	*gehackter Dill*

- Karotten waschen und putzen.
- Erdäpfel und Sellerieknolle waschen und schälen.
- Zwiebeln schälen und alle Zutaten in kleine Würfel schneiden.
- Zwiebeln in Butter anschwitzen und das Gemüse unterrühren.
- Mit Wasser aufgießen und mit Salz und Pfeffer würzen.
- Die Suppe ca. 15 Min. kochen lassen und anschließend pürieren.
- Crème fraîche unterrühren und abschmecken.
- Vor dem Servieren mit Dill bestreuen.

Rindfleisch-Karotten-Eintopf

50 dag	*Rindfleisch (Wadschinken oder Schulter)*
2 EL	*Butterschmalz*
2 gr.	*Zwiebeln*
3	*Knoblauchzehen*
2	*Paradeiser*
	Lorbeerblatt
	Thymian
	Salz, Pfeffer
3/8 l	*trockener Rotwein*
20 dag	*Schalotten*
25 dag	*Karotten*
	Petersilie

- Fleisch in Würfel schneiden und in einer Pfanne in heißem Fett anbraten; herausnehmen.
- Zwiebeln schälen, feinringelig schneiden und im Fett glasig dünsten.
- Knoblauch dazupressen.
- Paradeiser kurz überbrühen, häuten, entkernen und grob hacken.
- Mit Fleisch in die Pfanne geben.
- Lorbeerblatt und Thymian dazugeben, salzen, pfeffern und mit Rotwein aufgießen.
- Zugedeckt ca. 1 Std. schmoren lassen.
- Schalotten und Karotten schälen.
- Karotten in 2 cm lange Stücke schneiden und zusammen mit den Schalotten unter das Fleisch mischen.
- Alles zusammen noch 40 Min. zugedeckt garen.
- Vor dem Servieren mit feingehackter Petersilie bestreuen.

Hirselaibchen mit Honigkarotten

1 Tasse	*Hirse*
2 Tassen	*Wasser*
1	*Lorbeerblatt*
	Salz
	Pfefferkörner
2	*Wacholderbeeren*
1–2	*Eier*
50 dag	*Karotten*
5 dag	*Butter*
	Salz, Pfeffer
1–2 TL	*Honig*

- Hirse mit Gewürzen wie Reis dünsten und überkühlen.
- Mit den Eiern mischen und kleine Laibchen formen.
- In heißem Öl goldbraun backen.
- Karotten putzen und in Stifte schneiden.
- Kurz in Butter dünsten, mit Salz, Pfeffer und Honig vermischen.

Anmerkung: Dazu paßt eine Joghurtsoße sehr gut.

Karottengemüse

60 dag	*Karotten*
4 dag	*Butter*
4 dag	*Mehl*
1/2 l	*Milch*
	Salz
etwas	*Zucker*
	Petersilie

- Karotten grob raspeln und weich dünsten.
- Aus Butter und Mehl eine helle Einmach bereiten.
- Mit Milch aufgießen und die Karotten dazugeben.
- Kurz aufkochen und nach Geschmack würzen.

Anmerkung: Paßt gut zu Fleischlaibchen und Faschiertem Braten.
Erbsen können ebenso zubereitet werden.

Petersiliencremesuppe

5 dag	*Zwiebel*
3 dag	*Butter*
1 EL	*Dinkelmehl*
3/4 l	*Gemüsesuppe*
1/8 l	*Obers*
3 Bd.	*Petersilie*
	Salz
	weißer Pfeffer
	Muskat

- Zwiebel hacken, in Butter anschwitzen und mit Dinkelmehl stauben.
- Mit Gemüsefond und Obers aufgießen, aufkochen lassen.
- Petersilie abzupfen und mit der Suppe pürieren.
- Mit Salz, Pfeffer und Muskat abschmecken.

Anmerkung: Als Einlage schmecken Butternockerln oder Grießknöderln.

Sellerie-Rohkost

40 dag	*Sellerieknollen*
2	*sehr saftige Birnen*
7 dag	*Walnußkerne*
10 dag	*Rosinen*
1–2 EL	*Zitronensaft*
Marinade:	
1/8 l	*Obers*
1 B.	*Joghurt*
	Nelkenpulver

- Sellerieknollen waschen, schälen und fein reiben.
- Birnen schälen, in Würfel schneiden und sofort mit Zitronensaft, Rosinen, Sellerie und Walnüssen vermischen.
- Obers und Joghurt leicht aufschlagen, Nelkenpulver unterrühren und die Marinade über den Salat gießen.
- Zugedeckt 30 Min. kühl ziehen lassen und in Glasschalen mit Nüssen und Früchten anrichten.

Sellerie-Apfel-Aufstrich

12 dag	*Sellerie*
1	*Apfel*
1 EL	*Zitronensaft*
25 dag	*Topfen*
	Salz, Pfeffer

- Sellerie und Apfel schälen, raspeln und mit Zitronensaft beträufeln.
- Mit cremig gerührtem Topfen vermengen, salzen und pfeffern.

Anmerkung: Dazu paßt am besten Schwarzbrot.

Rote-Rüben-Rohkost

40 dag	*Rote Rüben*
8 dag	*Sellerie*
1 gr.	*Apfel*
	Salz
etwas	*Zitronensaft od. Apfelessig*
	Zucker
1/8 l	*Joghurt*
1/16 l	*Sauerrahm*
	Petersiliengrün
	Schnittlauch

- Alle Zutaten waschen, putzen und fein reißen.
- Über Apfel und Sellerie gleich den Zitronensaft träufeln.
- Anschließend Joghurt, Sauerrahm und Kräuter unterrühren und pikant abschmecken.

Anmerkung: Dieser erfrischende Salat schmeckt auch sehr gut mit einer feinen Essigmarinade.

Gratin mit Roten Rüben und Erdäpfeln

2	*Rote Rüben*
4	*Erdäpfel*
1/8 l	*Milch*
1/8 l	*Schlagobers*
1	*Knoblauchzehe*
1 EL	*Butter*
	Salz, Pfeffer
	Kümmel
	Lorbeerblatt
	Essig
	Muskatnuß

- Erdäpfel schälen und wässern, Rüben unter fließendem Wasser gut waschen.
- Rote Rüben in Salzwasser mit Essig, Kümmel und Lorbeerblatt aufkochen und bei kleiner Hitze weichkochen.
- Abseihen, mit kaltem Wasser abschrecken, schälen und in Scheiben schneiden.
- Die rohen Erdäpfel in sehr feine Scheiben schneiden.
- Eine feuerfeste Form mit Butter ausstreichen, Rüben und Erdäpfel abwechselnd in die Form schichten.
- Mit Salz, Pfeffer, Knoblauch und geriebener Muskatnuß würzen.
- Milch und Schlagobers über das Gemüse gießen.
- Im vorgeheizten Rohr bei 180° ca. 20 Min. überbacken.

Anmerkung: Als Hauptspeise mit grünem Salat oder als Beilage zu Lammkoteletts.

Halmrüben, eingemacht

50 dag	*Halm- od. Herbstrüben*
	Wasser
	Kümmel
	Salz
Einmach:	
4 dag	*Butter*
3 dag	*Mehl*
1/8 l	*Milch*
1	*Zwiebel*
1 Prise	*Zucker*
	Salz, Pfeffer
	Muskat
etwas	*Mostessig*
	Petersilie
	Dill

- Halmrüben schälen, stiftelig schneiden und in leicht gesalzenem Kümmelwasser kernig kochen.
- Einmach bereiten, mit Kochsud und Milch aufgießen und kurz verkochen lassen, würzen.
- Halmrüben und gehackte Kräuter dazugeben und etwas ziehen lassen.

Anmerkung: Halmrüben eignen sich, roh gerieben, auch sehr gut als Salat – mit einer Essig-Öl-Marinade oder mit Sauerrahm.

Radisalat

2	*schwarze Radi*
4 EL	*Sonnenblumenöl*
	Salz
etwas	*Mostessig*
1 EL	*gehackte Petersilie*
evtl. 2 EL	*Sauerrahm*

- Radi waschen und gut bürsten;
- Wurzel und Ansatz wegschneiden.
- In hauchdünne Scheiben schneiden oder hacheln.
- Mit den restlichen Zutaten gut durchmischen.

Anmerkung: Sehr würzig zu kaltem Schweinernen oder gebackenem Karpfen.

Kren-Äpfel

2	*säuerliche Äpfel*
2 EL	*Kren*
	Zitronensaft

- Äpfel und Kren fein reißen und mit Zitronensaft vermischen.

Anmerkung: Eignet sich sehr gut zu Fleischspeisen, speziell zu gekochtem Rindfleisch.

Erdäpfelkräutersuppe

20 dag	*mehlige Erdäpfel*
1 kl.	*Zwiebel*
1 Stange	*Sellerie*
1	*Petersilwurzel*
1	*Karotte*
6 dag	*Butter*
1/2 l	*Gemüsesud*
2–3 EL	*Sauerrahm*
1 Tasse	*gehackte Brennesselblätter od. Kresse*
	Petersiliengrün
	Salz, Muskat

- Die Erdäpfel werden geschält, kleinwürfelig geschnitten und
- im Gemüsesud mit gehackter Zwiebel und dem geputzten und zerkleinerten Wurzelgemüse weich gekocht.
- Alles mit dem Handmixer pürieren,
- gehackte Petersilie und Brennesselblätter od. Kresse beifügen und die Suppe mit Rahm und Gewürzen abschmecken.

Anmerkung: Als besondere Einlage können Sie Schwammerln verwenden.

Gefüllte Erdäpfel

8 gr.	*mehlige Erdäpfel*
8 dag	*Butter*
2 dag	*geriebener Käse*
2	*Dotter*
	Salz, Pfeffer
	Petersilie
1 gr.	*Zwiebel*

- Die Erdäpfel mit Schale dämpfen, schälen und aushöhlen.
- Die Erdäpfelreste passieren, mit etwas Butter, Käse und der feingehackten Zwiebel, Salz, Pfeffer, Petersilie und einem Dotter vermengen.
- Die Masse in die ausgehöhlten Erdäpfel füllen, mit zerlassener Butter und dem restlichen Dotter bestreichen.
- In einer befetteten Auflaufform bei 180° goldgelb überbacken.

Anmerkung: Besonders gut als Beilage zu allen Fleischarten.

Erdäpfelauflauf

6	*mehlige Erdäpfel*
	heiße Milch nach Bedarf
	Salz
5 dag	*Butter*
15 dag	*Erbsen*
15 dag	*Karotten*
	Salz
	Petersilie
10 dag	*Schinken*
1 EL	*Semmelbrösel*
	Butter
45 dag	*geriebener Käse*
4	*Speckstreifen*

- Ein Erdäpfelpüree zubereiten.
- Karotten würfelig schneiden, mit den Erbsen dünsten, salzen und gut abtropfen lassen.
- Eine Auflaufform mit Butter bestreichen.
- Die Hälfte des Pürees einfüllen, den gewürfelten Schinken, etwas Käse und das Gemüse darauf verteilen.
- Mit dem restlichen Püree abdecken.
- Darüber die Speckstreifen, den restlichen Käse, Brösel und einige Butterflocken geben.
- 20–30 Min. bei 200° im Rohr überbacken.

Erdäpfelroulade

1 kg	*mehlige Erdäpfel*
35 dag	*Mehl*
	Salz
5 dag	*Butter*
2	*Dotter*
Fülle:	
50 dag	*Faschiertes*
5 dag	*Fett*
1 kl.	*Zwiebel*
	Salz, Pfeffer
	Muskat
	Majoran
	Knoblauch
1 TL	*Mehl*
4 EL	*Rindsuppe*
1	*Ei zum Bestreichen*

- Erdäpfel dämpfen, schälen und passieren.
- Mit Mehl, Salz, Butter und Dotter zu einem Teig kneten; eine Kugel formen und kurz rasten lassen.
- Zwiebel in Fett anrösten, Faschiertes dazugeben und mitrösten.
- Mit Mehl stauben und mit Suppe aufgießen, würzen.
- Den Teig fingerdick auswalken, die ausgekühlte Fülle darauf verteilen und den Teig aufrollen.
- Auf ein Blech legen, mit versprudeltem Ei bestreichen und bei ca. 200° rasch zu goldbrauner Farbe backen.

Erdäpfelnudeln mit Broccolicreme

60 dag	*mehlige Erdäpfel*
5 dag	*Butter*
10 dag	*feiner Weizengrieß*
2	*Dotter*
	Salz, Pfeffer
	Muskatnuß
5 dag	*Schafkäse*
5 dag	*Mozzarella*
40 dag	*Broccoli*
20 dag	*Karfiol*
1/4 l	*Obers*
1/2	*Zwiebel*
	Petersilie
1/8 l	*Rindsuppe*

- Ungeschälte Erdäpfel in reichlich Salzwasser kochen, überkühlen lassen, schälen und durch die Erdäpfelpresse auf die Arbeitsfläche drücken.
- Butter in kleinen Stückchen sowie Grieß, Dotter, Salz und Muskatnuß beifügen und alles zu einem geschmeidigen Teig verarbeiten.
- Zwiebel und Petersilie hacken; Broccoli und Karfiol waschen, putzen und in Röschen zerteilen. In Salzwasser blanchieren, kalt abschrecken und gut abtropfen lassen.
- Mit Zwiebel, Petersilie, Obers und Rindsuppe fein mixen.
- Aus dem Erdäpfelteig auf einer bemehlten Arbeitsfläche eine Rolle formen und in kleine Stücke schneiden;
- diese wiederum zu etwa kleinfingerdicken Nudeln formen.
- In kochendes Salzwasser einlegen und ca. 12 Min. lang köcheln lassen.
- Inzwischen die Broccolicreme aufkochen, mit einer Schneerute aufschlagen und mit Salz und Pfeffer würzen.
- Die Erdäpfelnudeln auf ein mit Backpapier ausgelegtes Blech legen und mit dem zerbröselten Käse bestreuen.
- Im vorgeheizten Rohr bei 200° überbacken.
- Mit der Broccolicreme anrichten.

Erdäpfelomeletten

1/4 l	*Milch*
2	*Eidotter*
12 dag	*mehlige Erdäpfel*
25 dag	*Mehl*
	Salz

- Erdäpfel kochen und passieren.
- Aus den übrigen Zutaten einen Teig bereiten und die passierten Erdäpfel daruntermischen.
- Aus diesem Teig langsam etwas dickere Omeletten backen.
- Man kann sie süß oder pikant füllen.
- Süße Fülle: Beerenmarmelade oder geriebene Äpfel mit Schlagobers.
- Pikante Fülle: Schwammerlragout, Faschiertes oder Gemüse.

Erdäpfelpuffer

75 dag	*mehlige Erdäpfel*
3 EL	*Mehl*
	Zwiebel
	Salz
	Muskat
	Petersilie
	Fett

- Die rohen Erdäpfel schälen und grob raspeln.
- Zwiebel fein schneiden und mit allen übrigen Zutaten vermischen.
- Sehr flache Laibchen in Öl braten.

Anmerkung: Als Hauptspeise mit grünem Salat oder als Beilage zu Fleischgerichten servieren.

Erdäpfelrolle

50 dag	mehlige Erdäpfel
2	Zwiebeln
3–4	Eier
10 dag	Butter
3–4 EL	Grieß
	Salz, Pfeffer
	Muskat
	Petersilie
	Mehl
10 dag	Schinkenstreifen
10 dag	Käsewürfel

- Erdäpfel kochen und passieren.
- Zwiebeln fein hacken, in Butter dünsten, die Eier und den Grieß einrühren.
- Erdäpfel dazugeben und würzen.
- Mit Mehl zu einem eher weichen Teig verkneten.
- Eine Stoffserviette mit Butter bestreichen, den Teig darauf ca. 2 cm dick ausrollen.
- Mit Schinkenstreifen und Käsewürfeln belegen.
- Zu einer Rolle formen, in die Serviette einbinden und in reichlich Salzwasser kochen.
- Gekocht in Scheiben schneiden und anrichten.

Käseerdäpfel

75 dag	Erdäpfel
1/2 l	Milch
etwas	Fett
15 dag	geriebener Käse

- Erdäpfel waschen, schälen und in 1/2 cm dicke Scheiben schneiden.
- Milch mit Fett aufkochen, die Erdäpfel dazugeben und unter ständigem Umrühren 5 Min. kochen.
- 10 dag Käse daruntermischen.
- In eine befettete Backform füllen und mit dem restlichen Käse bestreuen.
- Bei ca. 200° 1/2 Std. backen.

Anmerkung: Schmeckt sehr gut zu Gegrilltem.
Nehmen Sie dazu vorwiegend festkochende Erdäpfel.

Erdäpfelstrudel (für 6 Personen)

25 dag	*Mehl*
	Salz
1 EL	*Öl*
1/8 l	*lauwarmes Wasser*
Fülle:	
60 dag	*mehlige Erdäpfel*
	Salz
5 dag	*Butter*
1	*Zwiebel*
20 dag	*Schwammerln*
2	*Eier*
1 B.	*Sauerrahm*
4	*blanchierte Mangoldblätter*
	Butter zum Bestreichen

- Strudelteig zubereiten, mit Öl bestreichen und 1/2 Std. unter einer Schüssel rasten lassen.
- Erdäpfel dämpfen, schälen und durch die Erdäpfelpresse drücken.
- Gehackte Zwiebel, Petersilie und blättrig geschnittene Schwammerln in Butter anrösten, mit Salz, Pfeffer und Muskat würzen.
- Die Erdäpfelmasse mit Eiern und Sauerrahm vermengen, gut würzen.
- Fülle auf den ausgezogenen Strudelteig auftragen.
- Blanchierte Mangoldblätter auflegen, Schwammerlfülle aufstreichen, den Strudel fest einrollen, mit Butter bestreichen und evtl. mit Fenchel bestreuen.
- Im heißen Rohr bei 180°–200° ca. 30–40 Min. backen.

Anmerkung: Als Hauptspeise mit warmem Krautsalat oder als Beilage zu Fleisch servieren.

Kümmelerdäpfel mit Sellerietopfen

1 kg	*Erdäpfel, vorwiegend festkochend*
2 EL	*Öl für das Backblech*
1 EL	*Öl zum Bestreichen*
2 EL	*Kümmel*
3 EL	*Oregano*
	Salz
Sellerietopfen:	
15 dag	*Sellerie, geschält*
25 dag	*Topfen*
	Salz, Pfeffer
1/2 TL	*Paprika edelsüß*
1 TL	*Zitronensaft*
3 EL	*Petersilie*

- Erdäpfel gut waschen, abtrocknen und der Länge nach halbieren.
- Kümmel, Oregano und Salz mischen;
- die Schnittflächen der Erdäpfel mit Öl bestreichen und in die Mischung tauchen.
- Mit der Schnittfläche nach unten auf ein befettetes Blech legen, mit Öl bestreichen, und die restliche Gewürzmischung darüberstreuen.
- 45 Min. im vorgeheizten Rohr bei 200° braten.
- Für den Sellerietopfen den Sellerie fein reiben, mit schaumig gerührtem Topfen und den übrigen Zutaten verrühren.
- Gut durchziehen lassen und in einem Schüsserl anrichten.

Anmerkung: Dieses Gericht eignet sich als leichtes, bekömmliches Abendessen.

Eingebrannte Erdäpfel mit Gurke

75 dag	*gekochte Erdäpfel*
1	*Salatgurke*
6 dag	*Butter*
5 dag	*Mehl*
1/4 l	*Gemüsesuppe (Würfel)*
1/4 l	*Sauerrahm*
	Salz, Pfeffer
	Muskatnuß
1 TL	*Essig*
1 kl.	*Zwiebel*
1 Prise	*Zucker*

- Erdäpfel schälen und blättrig schneiden.
- Gurke schälen, in Stifte schneiden und in wenig Wasser weich dünsten.
- Butter erhitzen, gehackte Zwiebel anrösten, das Mehl leicht mitrösten, mit der Gemüsesuppe aufgießen und aufkochen.
- Den versprudelten Sauerrahm unterrühren.
- Mit Essig, Salz, Pfeffer, Zucker und Muskat würzen, Erdäpfel und Gurken dazugeben.

Anmerkung: Paßt gut zu gekochtem Rindfleisch oder zu Leberkäse mit Spiegelei.

Erdäpfel-Mehlknödel zum Geselchten

6 gr.	*mehlige Erdäpfel*
1 TL	*Salz*
	Mehl nach Bedarf

- Erdäpfel in der Schale kochen, schälen und noch heiß mit dem Erdäpfelstampfer zerdrücken.
- Ca. 1/2 kg Mehl und das Salz mit den Erdäpfeln locker vermischen.
- Kurz anziehen lassen, Knödel formen und mit dem Geselchten etwa 1/2 Std. mitkochen.

Erdäpfel-Schnittlauch-Knödel

80 dag	*mehlige Erdäpfel*
	Salz
	Muskatnuß
2 EL	*Schnittlauch*
	Pfeffer
1/8 l	*Selchfleischsuppe*

- Erdäpfel dämpfen, schälen und zerstampfen.
- Salz, Pfeffer, Muskat und Schnittlauch dazugeben.
- Warme Selchfleischsuppe darunterrühren.
- Etwas rasten lassen und Knödel formen.

Anmerkung: Als Beilage zu gekochtem Bauerngeselchten geben.

Erdäpfelaufstrich

20 dag	*Topfen (10 %)*
15 dag	*mehlige Erdäpfel*
1 1/2 EL	*Dijon-Senf*
2	*Knoblauchzehen*
	weißer Pfeffer
	Petersilie
2 EL	*Sauerrahm*
	Schnittlauch,

- Erdäpfel kochen, schälen und noch warm passieren
- Den Topfen, wenn nötig, auch passieren und mit den übrigen Zutaten glatt rühren.
- Anschließend die Erdäpfelmasse dazugeben und rasch verrühren.

Anmerkung: Nicht zu lange durchrühren, da der Aufstrich sonst zäh wird.

Spargelcremesuppe

75 dag	*weißer Spargel*
1,5 l	*Wasser*
1 Scheibe	*Weißbrot*
	Salz
1/16 l	*Milch*
1/2 TL	*Zucker*
4 dag	*Butter*
4 dag	*Mehl*
1 l	*Spargelsud*
	weißer Pfeffer
1 EL	*Weißwein*
1	*Dotter*
1/16 l	*Obers*
2 dag	*kalte Butter*
	Dill

- Spargel schälen, die holzigen Enden abschneiden.
- Spargelschalen und -enden und das Weißbrot in Wasser und Milch ca. 20 Min. weichkochen.
- Abseihen und den Sud mit Salz und Zucker würzen.
- Den Spargel in 2 cm lange Stücke schneiden.
- In den Sud einlegen und ca. 15 Min. weich kochen.
- Einige schöne Spargelspitzen für die Suppeneinlage beiseite geben.
- Die Suppe pürieren.
- Eine Einmach bereiten, mit Sud und püriertem Spargel langsam aufgießen.
- Abschmecken und ca. 15 Min. weiterkochen lassen.
- Von der Herdplatte nehmen, das Obers-Dotter-Gemisch und die kalte Butter rasch einrühren.
- Spargelstücke dazugeben und in Suppentassen mit geschlagenem Obers und Dill schön anrichten.

Eferdinger Spargel mit Butterbröseln und Nußsoße

ca. 2 kg	*Solo Spargel od. I. Qualität*
Sud:	
3 l	*Wasser*
3 TL	*Salz*
4 dag	*Butter*
1–2 TL	*Zucker*
Nußsoße:	
5 dag	*gehackte Walnußkerne*
1 B.	*Obers*
3 dag	*kalte Butter*
	Salz
1 EL	*Nußschnaps*
Butterbrösel:	
4 EL	*Semmelbrösel*
8–10 dag	*Butter*
	Salz

- Den Spargel vom Kopf weg schälen und vom Spargelende ca. 1–2 cm abschneiden.
- Mit Spagat oder Bast binden, in den Sud einlegen und 20–25 Min. kochen.
- Der Spargel ist gar, wenn er sich, auf einer Gabel liegend, nur leicht biegt (max. 1 cm).
- Für die Nußsoße das Obers mit den Nüssen auf 1/3 einkochen.
- Die Temperatur reduzieren und die kalte Butter rasch einrühren.
- Mit Salz und etwas Nußschnaps abschmecken.
- Butterbrösel: Brösel in Butter hellbraun anrösten und leicht salzen.
- Den Spargel mit den Butterbröseln anrichten und die Soße extra dazu reichen.

Anmerkung: Dieses Gericht kann auch mit dem würzigen grünen Spargel zubereitet werden. Der grüne Spargel muß nicht geschält, sondern nur am Ende 1–2 cm eingekürzt werden.

Überbackener Eferdinger Spargel

1 1/2 kg	*weißer Spargel*
3 dag	*Butter*
3 dag	*Mehl*
1/2 l	*Spargelsud*
	Salz
	weißer Pfeffer
1 EL	*Zitronensaft oder Weißwein*
3/4 B.	*Obers*
1	*Dotter*
2 dag	*kalte Butter*

- Spargel vorbereiten (siehe Spargelcremesuppe).
- Aus Butter und Mehl eine helle Einmach bereiten, mit Spargelsud aufgießen und unter häufigem Umrühren 20 Min. kochen lassen.
- Würzen, das Obers dazugeben und nochmals kurz aufkochen.
- Den Dotter einlaufen lassen und nicht mehr kochen.
- Zum Schluß die kalte Butter rasch unterrühren.
- Den vorbereiteten Spargel in eine feuerfeste Form geben, mit der Soße überziehen und bei 180° bis 200° goldbraun überbacken.

Anmerkung: Dazu servieren Sie heurige Erdäpfel.

Fenchel-Porree-Karotten-Salat

1 Knolle	*Fenchel*
1 Stange	*Porree*
2 gr.	*Karotten*
	Salz
	Apfelessig
	Sonnenblumenöl
1 TL	*Anis*
3 EL	*Joghurt*

- Fenchel in Streifen, Porree in Ringe schneiden und die Karotten grob raspeln.
- Aus den restlichen Zutaten die Marinade zubereiten und mit dem Gemüse locker abmischen.
- Etwa 15 Minuten ziehen lassen.

Anmerkung: Ein geriebener Apfel macht diese Rohkost besonders fruchtig.

Fenchelsuppe

3 Knollen	*Fenchel*
1 gr.	*Erdapfel*
2	*Knoblauchzehen*
	Butter
1 l	*Gemüsesuppe*
1/8 l	*Obers*
	Salz, Pfeffer
	Muskat
	gehacktes Fenchelgrün

- Fenchel und den Erdapfel putzen bzw. schälen und in grobe Würfel schneiden.
- Miteinander in Butter und Knoblauch dünsten; anschließend mixen, mit Suppe aufgießen und mit Obers verfeinern.
- Würzen und mit gehacktem Fenchelgrün bestreuen.

Anmerkung: Gebundene Suppen werden leichter, wenn Sie statt einer Einmach rohe Erdäpfel mitdünsten (2/3 Gemüse, 1/3 Erdäpfel) und anschließend pürieren.

▲ *Kohllaibchen mit Speck schmecken nicht nur Gemüseliebhabern ausgezeichnet.*
Rezept Seite 61

◀ *Ein Hauch von Italien weht bei breiten Nudeln mit Fenchelsoße durch Ihre Küche.*
Rezept Seite 113

Karpfen mit Gemüse, in Bier gedünstet – eine interessante und g'schmackige Kombination
Rezept Seite 128 ▶

◀ *Kümmelerdäpfel mit Sellerietopfen oder Erdäpfelstrudel gefüllt mit Mangold und gedünsteten Schwammerln sind leichte Mahlzeiten.*
Rezepte Seite 100 und 99

Wählen Sie aus der Fülle an Kürbisspezialitäten am Markt aus und probieren Sie die herrlich duftende Kürbiscremesuppe. ▲
Rezept Seite 79

▲ *Bunte Gemüsesulz mit Kürbiskernöl und Mostessig.*
Rezept Seite 121

◀ *Broccolisalat mit Karotten – eine vitaminreiche Salatkombination.*
Rezept Seite 56

Eine Auswahl an Eingemachtem aus dem Kapitel „Eingemachtes macht Freude".
Rezepte Seite 143 ff ▶

Gärtopf

Fenchelragout

1 kg	*Fenchel*
3	*Paradeiser*
20 dag	*Champignons od. Austernpilze*
2 kl.	*Zwiebeln*
2–3 EL	*Öl*
	Salz, Pfeffer
	Oregano
	Knoblauch
1 EL	*Paradeismark*
1 Tasse	*Rindsuppe*
	gehackte Petersilie
1 Spritzer	*Weißwein*

- Fenchel und Champignons vierteln, Zwiebeln sechsteln, Paradeiser häuten und grob würfeln.
- In einer flachen Kasserolle Zwiebeln hellgelb anrösten,
- Champignons, Fenchel und Paradeiswürfel und -mark dazugeben, mit Rindsuppe aufgießen und langsam dünsten.
- Mit Wein und Gewürzen abschmecken.
- Zum Schluß mit Petersilie bestreuen.

Anmerkung: Dieses Ragout paßt wunderbar zu kurz gebratenem Fleisch oder Fisch, schmeckt aber auch als würziges Hauptgericht mit Weißbrot.

Fenchelsoße

3 EL	*Butter*
3	*Zwiebeln*
2	*Äpfel*
2 gr.	*Fenchelknollen*
	Salz, Zucker
30 dag	*gekochter Schinken*
1 B.	*Sauerrahm*
4 EL	*Paradeismark*
	Pfeffer
1 EL	*Dill*
1 EL	*Fenchelkraut*

- Zwiebeln fein hacken, Äpfel in Würfel und Fenchelknollen in Streifen schneiden.
- Mit Salz und Zucker würzen und alles zusammen ca. 10 Min. in Butter dünsten.
- Den kleingeschnittenen Schinken, Sauerrahm und Paradeismark unterrühren.
- Mit Pfeffer und Salz abschmecken, nochmals 5 Min. dünsten.
- Mit Dill und Fenchelkraut bestreuen.

Anmerkung: Paßt gut zu Fisch, Nudeln und Vollkornreis.

Mangoldauflauf

80 dag	*Mangoldblätter*
1/4 l	*Sauerrahm*
2	*Eier*
1 EL	*Vollkornmehl*
10 dag	*geriebener Käse*
	Salz, Pfeffer
	Muskatnuß
1	*Knoblauchzehe*
	Butter und Brösel
	für die Form etwas Butter

- Gewaschene Mangoldblätter in leicht gesalzenem Wasser ca. 2 Min. kochen.
- Kalt abschrecken und, gut abgetropft, grob hacken.
- Sauerrahm mit Salz, Pfeffer, Muskat, zerdrücktem Knoblauch, Eidottern, Mehl und Käse glattrühren.
- Aus den Eiklar mit etwas Salz Schnee schlagen und zusammen mit den Mangoldblättern unter die Rahm-Masse heben.
- In eine gebutterte, mit Bröseln ausgestreute Form füllen.
- Mit Butterflocken belegen und im Rohr bei 180° backen.

Anmerkung: Als Vorspeise mit Kräuterjoghurt oder als Beilage servieren.

Stangensellerie-Salat

50 dag	*Stangensellerie*
3	*säuerliche Äpfel*
6 dag	*Haselnüsse*
10 dag	*Schafkäse*
	Saft einer halben Zitrone
3 EL	*Sonnenblumenöl*
1/8 l	*Sauerrahm*
1/8 l	*Obers*
	Salz, Pfeffer

- Stangensellerie putzen, die Stangen voneinander trennen und in reichlich Salzwasser kochen.
- Rasch mit kaltem Wasser abschrecken.
- Die Äpfel waschen, vierteln und das Kerngehäuse entfernen.
- In Scheiben schneiden und mit dem Zitronensaft beträufeln.
- Die Haselnüsse grob hacken.
- Die Selleriestangen in 1 cm lange Stücke schneiden und mit den Äpfeln und der Hälfte der Haselnüsse vermengen.
- Für die Soße den Schafkäse mit einer Gabel zerdrücken, das Öl, den Sauerrahm und das Obers unterrühren; mit Salz und Pfeffer würzen.
- Die restlichen Haselnüsse dazugeben.

Anmerkung: Die Soße wird separat zum Salat serviert, und dazu reicht man Brot.

Stangensellerie-Nuß-Rohkost

2–3 Stk.	*Stangensellerie*
10 dag	*Walnüsse*
	Saft einer Zitrone
2 EL	*feingehackte Petersilie*
1	*Zwiebel*
	Salz, Pfeffer
2–3 EL	*Mayonnaise*
1/2 B.	*Joghurt*

- Stangensellerie feinnudelig schneiden.
- Zwiebel fein hacken.
- Alle Zutaten vermischen und 1/2 Std. kühl stellen.

Anmerkung: Je nach Geschmack können Sie noch einen Apfel oder eine Birne hineinreiben.

Fitneß-Salat

1	*Kohlrabi*
25 dag	*Karotten*
1 kl.	*Salatgurke*
2 Bd.	*Radieschen*
1 Handvoll Kresse	
Marinade:	
1/4 l	*Joghurt*
2–3 EL	*kaltgepreßtes Rapsöl*
3 EL	*Zitronensaft*
2	*Knoblauchzehen*
	Selleriesalz
	Pfeffer

- Gemüse putzen, waschen, in feine Streifen schneiden und in eine große Schüssel geben.
- Aus den angegebenen Zutaten eine Marinade bereiten, die Kresse dazugeben, über den Salat gießen und gut vermischen.

Anmerkung: Dazu schmeckt würziges Roggenbrot sehr gut.

Rohe Gemüsestangerln mit delikaten Soßen

pro Person	
20 dag	*Gemüse der Saison (roter, grüner Paprika, Zucchini, Karotten, Staudensellerie...)*

- Gemüse waschen, putzen und in 4 cm lange Stangerln schneiden.
- Auf einer ovalen Platte nach Farben geordnet anrichten und mindestens 3 Soßen dazu servieren.

Paradeissoße:	
20 dag	*reife Paradeiser*
1 EL	*Dinkelreis, gekocht*
2	*Knoblauchzehen*
	Basilikum
etwas	*Olivenöl*
	Kräutersalz
	Pfeffer

- Alle Zutaten im Mixer bis zur cremigen Konsistenz rühren und in einer kleinen Schale zum Gemüse reichen.

Kräutersoße:	
3 EL	*Topfen*
2 EL	*Joghurt*
	Senf
	Sonnenblumenöl
3 EL	*gehackte Kräuter*
	Kräutersalz

- Alle Zutaten gut durchmischen und zur cremigen Konsistenz rühren.

Zwiebelsoße:	
10 dag	*gehackte Zwiebel*
1/8 l	*Rotwein*
2 EL	*Sauerrahm*
1 TL	*Majoran*
2 EL	*Olivenöl*
	Kräutersalz

- Zwiebel und Majoran in Wein dünsten.
- Bis zur Hälfte der Flüssigkeit einkochen und überkühlen lassen.
- Rahm einrühren;
- im Mixglas mit Öl zu einer Soße mixen und würzen.

Knackiger Geflügelsalat

20 dag	gegartes Hühnerfleisch
1 kl. Stange	Porree
1	Paradeiser
je 10 dag	Erbsen, Karotten
1 Tasse	Reis
2 Tassen	Wasser
1/2 TL	Curry
1 TL	Salz
	Salatblätter (Häuptel, Endivien, Radicchio…)
Soße:	
2 EL	Mayonnaise
1/8 l	Joghurt
2 EL	Zitronensaft
	Salz, Pfeffer

- Wasser mit Curry und Salz aufkochen, Reis dazugeben und 20 Min. zugedeckt dünsten.
- Hühnerfleisch in Streifen, Porree in Ringe schneiden, Paradeiser vierteln.
- Mit den gekochten Erbsen und Karotten in den erkalteten Reis mischen.
- Die Soße bereiten und über die Zutaten gießen, gut durchmischen und 1/2 Std. kühl ziehen lassen.
- Auf marinierten Salatblättern anrichten.

Linsensalat

50 dag	Linsen
	Lorbeer, Thymian
1 gr.	Zwiebel
1	roter Paprika
2	Essiggurkerln
	Schnittlauch
Marinade:	
2 EL	Weinessig
1 TL	scharfer Senf
3 TL	Sonnenblumenöl
	Salz, Pfeffer
	Zucker, Wasser

- Linsen über Nacht mit zweifacher Wassermenge, Lorbeerblatt und Thymian einweichen; nicht salzen!
- Die Linsen weichkochen und in die vorbereitete Marinade geben.
- Zwiebel in feine Ringe, Paprika nudelig und Gurkerln in dünne Scheiben schneiden.
- Mit den Linsen vermengen und einige Stunden ziehen lassen.
- Beim Anrichten mit Schnittlauch bestreuen.

Anmerkung: Paßt wunderbar zu gekochtem, kalten Rindfleisch.

Rohkostaufstrich

20 dag	*Topfen*
etwas	*Milch*
1	*Karotte*
1/4	*Sellerieknolle*
	Radieschen
	Petersilie
	Knoblauch

- Topfen und Milch verrühren.
- Karotte und Sellerie reiben und dazugeben.
- Nach Belieben würzen und mit den Radieschen, der feingehackten Petersilie und dem Knoblauch garnieren.

Gemüsesuppe

1	*Zwiebel*
1	*Knoblauchzehe*
2	*Karotten*
5 dag	*Porree*
5 dag	*Stangensellerie*
2	*Petersilwurzeln*
2 mittelgr.	*Rote Rüben*
25 dag	*Erdäpfel*
2–3 EL	*Butter*
5 dag	*Sauerkraut*
2 EL	*Paradeismark*
1 1/2 l	*Gemüsesuppe*
1	*Lorbeerblatt*
1 TL	*Kümmel*
	Salz, Pfeffer
1 Prise	*Pimentpulver*
1/2 B.	*Sauerrahm*

- Zwiebel und Knoblauch fein hacken.
- Restliches Gemüse putzen und in kleine Würfel schneiden.
- Zwiebel und Knoblauch in Butter anschwitzen, Gemüse mit Ausnahme der Erdäpfel dazugeben und gut andünsten.
- Sauerkraut, Erdäpfel, Paradeismark und Gewürze dazugeben.
- Mit Gemüsesuppe aufgießen.
- Ca. 20 Min. bei mittlerer Hitze kochen.
- Die fertige Suppe mit Sauerrahm garnieren.

Anmerkung: Probieren Sie einmal geröstete Haferflocken zum Darüberstreuen!

Gemüsesuppe mit Liebstöckel

2 EL	*Olivenöl*
1	*Zwiebel*
20 dag	*Karotten*
20 dag	*Pastinak*
20 dag	*Halmrüben*
1 l	*Hühnersuppe*
	Pfeffer
4 EL	*Joghurt*
3 EL	*Liebstöckel*

- Gehackte Zwiebel in Öl anschwitzen.
- Das kleingeschnittene Gemüse dazugeben.
- Mit der heißen Suppe aufgießen.
- Mit Pfeffer abschmecken und 1/2 Std. kochen lassen, bis das Gemüse gar ist.
- Im Mixer pürieren.
- Nochmals erhitzen, abschmecken und das Joghurt unterrühren.
- Zuletzt das gehackte Liebstöckel zugeben.

Gemüsetoast

4 Scheiben	*Toastbrot*
4 dag	*Butter*
2 EL	*Sauerrahm*
8 dag	*Karotten*
8 dag	*junge Erbsen*
1 gr.	*Apfel*
1 gr.	*Gurkerl*
5 dag	*geriebener Käse*
1/2 TL	*Paradeismark*

- Karotten, Gurkerl und Apfel fein reiben.
- Mit den übrigen Zutaten, den Gewürzen und der Butter vermischen.
- Das Toastbrot damit bestreichen, mit dem Käse bedecken und im Rohr so lange backen, bis der Käse schmilzt.

Anmerkung: Ideal zum Vorbereiten und eine neue Idee für eine Kinderparty.

Gemüse-Käsetoast

4 Scheiben	Toastbrot
etwas	Butter
1/2	Karfiolrose
1	Zucchini
15 dag	Karotten
	Salz, Pfeffer
etwas	Zucker
8 Scheiben	Käse

- Karfiol in Röschen teilen, Karotten und Zucchini in kleine Stücke schneiden.
- Das Gemüse in einen Topf mit wenig Wasser, Butter, Salz, Pfeffer und wenig Zucker zugedeckt weich dünsten.
- Brot toasten und mit dem gegarten Gemüse belegen.
- Je 2 Scheiben Käse darauflegen und im heißen Rohr überbacken.

Feiner Gemüsetoast

4 Scheiben	Toastbrot
1 EL	Kräuterbutter
4 Scheiben	Schinken
4 Scheiben	Salami
2	Paradeiser
4 Scheiben	einer Salatgurke
1	hartgekochtes Ei
	Salz, Pfeffer
2 EL	Crème fraîche
2 EL	Mayonnaise
2 EL	Ketchup
4 Scheiben	Gouda
	Radieschen

- Toastbrote mit Kräuterbutter bestreichen.
- Mit je 1 Scheibe Schinken, Salami, Paradeiser, Gurke und Ei belegen.
- Crème fraîche mit Mayonnaise und Ketchup verrühren, mit Salz und Pfeffer würzen.
- Diese Soße über den Toast geben, den Käse darauflegen und im Rohr so lange überbacken, bis der Käse schmilzt.
- Mit den Radieschen garnieren und noch heiß servieren.

Gemüsesulz

1 kl.	*Sellerieknolle*
1	*Kohlrabi*
25 dag	*Karotten*
20 dag	*Erbsen*
1 kl.	*Karfiolrose*
3/4 l	*Gemüsesuppe*
wenig	*Salz*
	Schnittlauch
	Dill
3 TL	*Agar-Agar*
1	*Zwiebel*
	Paradeiser
evtl.	*Blattsalate*
	Kernöl
	Balsamicoessig

- Kohlrabi, Sellerie und Karotten putzen, schälen und in kleine Würfel schneiden.
- Karfiol in kleine Röschen teilen.
- Gemüse in der Suppe knackig kochen.
- Abseihen und den Gemüsefond aufheben.
- Das Gemüse in eine Kasten- oder Rehrückenform füllen, Schnittlauch, Dill und Salz dazugeben.
- Den Fond nochmals zum Kochen bringen, das Agar-Agar einrühren und aufkochen lassen.
- Über das Gemüse gießen und mindestens 3 Std. kalt stellen.
- Aufschneiden und anrichten.
- Mit Zwiebelringen, Paradeisern und evtl. Blattsalaten garnieren.
- Zum Schluß Kernöl und Balsamicoessig darübergießen.

Anmerkung: Probieren Sie die Sulz einmal mit gedünsteten Eierschwammerln. Für Buffets und Vorspeisen in Gugelhupf- oder Schiffchenformen füllen und mit verschiedenen Gemüsen garnieren.

Gemüsespießchen

ca. 1 kg	*Gemüse (Zwiebel, Karotten, Sellerie, Zucchini, Kohlsprossen…)*
20 dag	*Champignons*
1	*Apfel*
1	*Banane*
	Currypulver
	Öl
	Salz, Paprika
	Käsestreifen
	Holzspieße

- Champignons, Obststücke und Gemüsescheiben (Karotten und Sellerie unbedingt etwas vordünsten) abwechselnd auf die Spieße stecken.
- Mit Curry bestreuen, gut ölen und grillen.
- Nach dem Grillen salzen und mit Paprika würzen.
- Unmittelbar vor dem Essen die Spieße mit Käsestreifen belegen und nochmals kurz grillen.

Gemüseschnitzel

60 dag	*verschiedenes Gemüse der Saison (Karotten, Karfiol, Erbsen, Bohnen, Porree, Kohlrabi…)*
4	*Eier*
	Semmelbrösel
	Schnittlauch
	Petersilie
	Salz
	Butter

- Gemüse klein schneiden und in Salzwasser weich kochen, abtropfen lassen.
- Eier, etwas Semmelbrösel, gehackte Petersilie und Schnittlauch dazugeben und zu einem mittelweichen Teig vermengen.
- Daraus ca. 1 1/2 cm dicke Schnitzel formen und in heißer Butter auf beiden Seiten goldbraun braten.

Gemüse-Mürbteigtascherln

Teig:	
25 dag	*Magertopfen*
13 dag	*Weizenvollkornmehl*
3 dag	*Butter*
Fülle:	
1 TL	*Öl*
2 Stangen	*Porree*
1kl.	*Karotte*
	Pfeffer
	Muskat
	Petersilie
5 dag	*geriebener Käse*
	Milch

- Die Zutaten rasch zu einem Teig verkneten und 1/2 Std. kühl rasten lassen.
- Inzwischen den Porree feinnudelig schneiden und die Karotte reiben.
- Beides anrösten, dünsten und abschmecken.
- Den geriebenen Käse unterrühren.
- Den Teig ausrollen, in 4 Rechtecke teilen, die Fülle darauf verteilen, die Rechtecke zuklappen und am Rand festdrücken.
- Mit Milch bestreichen und bei ca. 170° etwa 1/2 Std. backen.

Anmerkung: Servieren Sie dazu Kräuter- oder Knoblauchsoße und Salat.

Gemüsetopfenlaibchen (für 6 Personen)

80 dag	*Magertopfen*
30 dag	*Dinkelmehl*
2	*Eier*
1/2 TL	*Backpulver*
20 dag	*Karotten*
20 dag	*Porree*
4 dag	*Butter*
	Salz
	Basilikum
	Koriander

- Karotten raffeln, Porree waschen und fein schneiden.
- Topfen, Mehl, Eier, Backpulver und Gemüse zu einem Teig verarbeiten.
- Eine Rolle formen und davon Scheiben abschneiden.
- Diese in heißem Fett goldbraun braten.

Gemüsegulasch

1 gr.	*Zwiebel*
60 dag	*Gemüse (Karotten, Kraut, Erdäpfel, Erbsen, Fisolen, Kohlrabi…)*
2–3 EL	*Paprika*
2 EL	*Paradeismark*
	Salz
	Suppenwürfel
	Petersilie
1–2	*Knacker*
1–2 EL	*Sauerrahm*

- Zwiebel und Paprika in Fett anlaufen lassen.
- Paradeismark, geschnittenes Gemüse und Suppenwürfel zugeben und mit Wasser aufgießen.
- Das Ganze halbweich dünsten; mit Sauerrahm binden.
- Die geschnittenen Knacker hineingeben.
- Würzen und mit Petersilie bestreuen.
- Sofort servieren.

Anmerkung: Dazu reichen Sie Nockerln.

Gemüsestrudel (für 6 Personen)

Teig:	
20 dag	*Mehl*
	Salz
	Essig
1 EL	*Öl*
1/8 l	*Wasser*
Fülle:	
1 kg	*Gemüse der Saison*
1	*Zwiebel*
	Butter
20 dag	*Champignons*
1/8 l	*Sauerrahm*
2	*Eier*
	Salz, Pfeffer
etwas	*Weizenkleie*
	Butter

- Strudelteig bereiten und rasten lassen.
- Gemüse putzen, in Stifte schneiden und dünsten.
- Zwiebel fein hacken und in Butter anrösten.
- Das Gemüse und die blättrig geschnittenen Champignons dazugeben.
- Ca. 10 dag von dieser Gemüsefülle pürieren und wieder zur Masse geben.
- Mit Eiern, Sauerrahm, Salz und Pfeffer vermischen, nachwürzen.
- Strudelteig auf einem bemehlten Tuch ausziehen und mit einigen Löffeln Weizenkleie bestreuen.
- Das Gemüse gleichmäßig darauf verteilen.
- Den Strudel einrollen, mit flüssiger Butter bestreichen und auf einem befetteten Blech bei 200° ca. 1/2 Std. backen.

Gemüsepudding

4 dag	*Butter*
2	*Eier*
30 dag	*Gemüse der Saison*
15 dag	*Reis*
	Salz
1	*Zwiebel*
	Petersilie
etwas od.	*geriebener Käse gehackte Kräuter*

- Butter und Eier flaumig rühren.
- Das Gemüse vorkochen und gleichmäßig zerkleinern.
- Zwiebel und Petersilie feinst hacken.
- Den Reis dünsten.
- Alle Zutaten unter den Butter-Eier-Abtrieb heben.
- Die Masse in eine befettete Pudding- bzw. Dunstkochform geben (nie mehr als 3/4 voll füllen).
- Nun die Form in kochendes Wasser stellen und zugedeckt 1 Std. köcheln lassen.
- Den fertigen Pudding auf eine Platte stürzen und mit Kräutern oder Käse bestreuen.

Polentapizza mit Gemüse (für ca. 6–8 Personen)

1 l	*Wasser*
30 dag	*Polenta (Maisgrieß)*
2 EL	*Butter*
1 EL	*Koriander, gemahlen*
	Salz
50 dag	*Wurzelgemüse*
2	*Knoblauchzehen*
2 EL	*Petersilie*
6 EL	*Paradeissoße*
25 dag	*Emmentaler*
	Pizzagewürz
	Oregano

- Wasser mit Butter und Gewürzen zum Kochen bringen und den Polenta einrühren.
- Vom Herd nehmen und zugedeckt ausquellen lassen.
- Ein Backblech befetten und die Polentamasse ca. 1 cm dick darauf verteilen.
- Das Gemüse putzen, blättrig schneiden und kurz dämpfen; Käse grob reiben.
- Auf der Polentamasse die Paradeissoße gleichmäßig verstreichen und das Gemüse darüber streuen.
- Knoblauch darauf pressen, würzen und mit dem geriebenen Käse bestreuen.
- Im vorgeheizten Backrohr bei starker Oberhitze (220°) 20 Min. backen.

Schweinslungenbraten mit Gemüse in Blätterteig

2	*Schweinslungen-braten*
50 dag	*Blätterteig*
20 dag	*Erbsen*
20 dag	*Karotten*
1	*Zwiebel*
	Petersilie
1 B.	*Obers*
	Mehl zum Binden
	Salz, Pfeffer
	Suppenwürze

- Schweinslungenbraten salzen, pfeffern und in Butterschmalz anbraten.
- Aus der Pfanne nehmen, kleingeschnittene Zwiebel im Bratenfett anrösten.
- Erbsen und die kleingewürfelten Karotten dazugeben. Mit wenig Wasser aufgießen.
- Das Gemüse mit Suppenwürze und Salz zugedeckt kurz dünsten.
- Rahm mit Mehl verrühren und das Gemüse damit binden.
- Petersilie einrühren.
- Blätterteig in 2 Hälften teilen und zu Rechtecken ausrollen, schmale Teigstreifen zum Garnieren aufheben.
- Ausgekühltes Gemüse auf dem Blätterteig verteilen, die Lungenbraten auf das Gemüse legen und einrollen.
- Mit der Naht nach unten auf ein Blech legen und mit den restlichen Teigstreifen verzieren.
- Mit verquirltem Ei bestreichen und im vorgeheizten Rohr ca. 50 Min. backen.

Kalbs- oder Truthahnschnitzel, mit Gemüse gefüllt

4	*Truthahnschnitzel à 20 dag*
Fülle:	
2	*Karotten*
1 kl.	*Sellerieknolle*
1 Stange	*Porree*
1	*Ei*
1/8 l	*Obers*
2 EL	*Butter*
1Bd.	*Petersilie*
1/8 l	*Rindsuppe*
	Öl
	Salz, Pfeffer
	Muskat

- Gemüse waschen; die Karotten stifteln, Sellerie und Porree in Streifen schneiden.
- Gemüse in Butter anschwitzen, Petersilie und 1/16 l Obers dazugeben, salzen, pfeffern und cremig einkochen.
- Vom Feuer nehmen, das Ei einrühren und die Masse erkalten lassen.
- Schnitzel klopfen, salzen und mit der Gemüsefülle bestreichen.
- Zusammenklappen, mit einem Zahnstocher verschließen und in wenig Öl beidseitig braten.
- Die gebratenen Schnitzel aus der Pfanne nehmen und warmstellen.
- Bratensaft mit Rindsuppe und restlichem Obers aufkochen und mit Salz, Pfeffer und Muskat abschmecken.
- Die Schnitzel mit der Soße servieren.

Anmerkung: Als Beilage passen Petersilerdäpfel oder bunte Nudeln.

Gedünsteter Karpfen mit Gemüse

1 1/2 kg	*Karpfen (oder fertige Filets)*
2	*Knoblauchzehen*
1	*Zwiebel*
1 kl.	*Sellerieknolle*
2	*Karotten*
50 dag	*Erdäpfel*
2 EL	*Öl*
2 EL	*Butter*
2	*Lorbeerblätter*
1/8 l	*Bier*
etwas	*Mehl*
	Salz, Pfeffer
	Zitronensaft

- Sellerie, Karotten und Erdäpfel schälen und in kleine Würfel schneiden.
- Zwiebel und Knoblauch fein hacken.
- Bei den Karpfenfilets die Haut kreuzweise einschneiden.
- Salzen, pfeffern, mit Zitronensaft beträufeln und mit Mehl bestäuben.
- Öl mit Butter erhitzen und die Karpfenfilets auf beiden Seiten anbraten.
- Aus der Pfanne heben und beiseite stellen.
- Restliche Butter in die Pfanne geben, Zwiebel und Knoblauch darin anschwitzen.
- Das Gemüse dazugeben; mit Bier und 1/8 l Wasser ablöschen.
- Erdäpfel und Lorbeerblätter beigeben, ca. 10 Min. kochen.
- Karpfenfilets auf das Gemüse legen und zugedeckt 12 Min. dünsten.
- Mit Salz und Pfeffer würzen.

Anmerkung: Dazu passen sehr gut gedünstete Mangoldblätter, die mit Salz, Muskat und Knoblauch pikant abgeschmeckt werden.

Gemüsefisch

4 Stk.	*filetierte Süßwasserfische od. Schollenfilets*
1 gr.	*Karotte*
1	*Petersilwurzel*
1/2	*Sellerieknolle*
1 kl.	*Zwiebel*
1 Stange	*Porree*
1/4 l	*Suppe*
3 dag	*Butter*
1 TL	*Maizena*
	Salz, Pfeffer
	Zitronensaft
	Petersilie

- Zwiebel fein hacken und in wenig Butter goldgelb rösten.
- Das gestiftelte Gemüse dazugeben und alles noch einmal durchrösten.
- Mit der Suppe aufgießen, mit Salz, Pfeffer und Zitronensaft würzen.
- Die Fischfilets hineinlegen und das Ganze zugedeckt weich dünsten.
- Mit der in wenig Wasser aufgelösten Maizena binden.
- Vor dem Servieren mit Petersilie bestreuen.

Anmerkung: Mit Reis und grünem Salat servieren.

Fleischtopf mit feinem Gemüse

40 dag	*mageres Schweinefleisch*
25 dag	*Erdäpfel*
15 dag	*junge Fisolen*
15 dag	*Suppengemüse*
15 dag	*Erbsen*
15 dag	*Karotten*
25 dag	*Paradeiser*
	Petersilie
2–4 dag	*Butterschmalz*
2 EL	*Crème fraîche*
	Salz
	Kräuter (Estragon, Thymian, Petersilie)

- Fleisch in Würfel schneiden und in Butterschmalz bei starker Hitze anbraten.
- Etwas Wasser oder Suppe dazugeben und bei geringer Hitze im geschlossenen Kochtopf 15 Min. lang dünsten lassen.
- Inzwischen die Erdäpfel schälen und in Scheiben schneiden.
- Das restliche Gemüse putzen und schneiden. Mit den Erdäpfeln zum Fleisch geben.
- Mit Salz und Kräutern würzen und zugedeckt fertiggaren.
- Die Paradeiser überbrühen, schälen, vierteln und kurz mitdünsten.
- Crème fraîche einrühren und mit gehackter Petersilie bestreuen.

Anmerkung: Schneiden Sie das Gemüse in größere Stücke, damit es schön bißfest bleibt.

Gemüse-Lasagne (für 6 Personen)

30 dag	*Lasagneblätter*
1 l	*Milch*
6 dag	*Butter*
6 dag	*Mehl*
	Salz
	Pfefferkörner
1	*Lorbeerblatt*
1/2	*Zwiebel*
4	*Gewürznelken*
4 dag	*Butter*
1 gr.	*Zwiebel*
1/2 kg	*Paradeiser*
2 Stangen	*Porree*
1	*Fenchelknolle*
1	*Kohlrabi*
2	*Karotten*
2	*Zucchini*
3	*Knoblauchzehen*
	Salz, Pfeffer
1/8 l	*Bratensaft*
2	*Dotter*
1 Bd.	*Petersilie*
12 dag	*Parmesan*
	Butterflöckchen zum Belegen

- Das Gemüse putzen und zerkleinern, Knoblauch schälen und zerdrücken.
- Die große, gehackte Zwiebel in der Butter anschwitzen.
- Das Gemüse sowie Knoblauch, Salz und Pfeffer beifügen, mit dem nötigen Bratensaft aufgießen und nicht zu weich dünsten.
- Béchamelsoße: Die halbe Zwiebel mit den Gewürznelken spicken. Diese in der Milch gemeinsam mit dem Lorbeerblatt sowie Salz und Pfefferkörnern aufkochen.
- Das Mehl in der Butter anschwitzen, mit der gekochten Milch aufgießen und mollig einkochen.
- Petersilie fein hacken, Dotter unter die Béchamelsoße rühren.
- Eine Schichte Béchamelsoße in eine Auflaufform geben und mit Gemüse bedecken;
- mit Parmesan und Petersilie bestreuen und mit Lasagneblättern belegen.
- Diesen Vorgang so oft wiederholen, bis alle Zutaten aufgebraucht sind, wobei die oberste Schicht aus Béchamelsoße bestehen soll.
- Die Lasagne zuletzt mit Parmesan bestreuen, mit Butterflöckchen belegen und im vorgeheizten Backrohr bei 200° ca. 1 Std. backen.

Anmerkung: Diese Gemüsespezialität wird mit Paradeissoße serviert.

Gemüseomelette

12	*Eier*
	Salz
8 EL	*Milch*
10 dag	*Spargel*
10 dag	*Karotten*
10 dag	*Broccoli*
10 dag	*Karfiol*
etwas	*Butter*
	Saft von 1 Zitrone
	Butter zum Backen

- Geputzten Spargel in 5 cm lange Stücke schneiden, Broccoli und Karfiol in Röschen teilen, Karotten schneiden.
- Das Gemüse in Salzwasser nicht zu weich kochen. In einem Sieb gut abtropfen lassen.
- Mit etwas Butter und Zitrone verfeinern.
- Eier mit Salz und Milch versprudeln.
- In einer Pfanne Butter erhitzen und 4 Omeletten backen.
- Die Omeletten bis zur Hälfte mit je 1/4 des Gemüses füllen und zusammenklappen.
- Auf einem vorgewärmten Teller anrichten und sofort servieren.

Gemüsenudeln

15 dag	*grüne Nudeln*
15 dag	*Gemüse (Porree, Sellerie, Karotten)*
1 EL	*Butter*
	Salz, Pfeffer
	Muskat
	Kräuter nach Wahl

- Nudeln in Salzwasser bißfest kochen.
- Gemüse nudelig schneiden, in Butter anschwitzen und mit etwas Wasser aufgießen.
- Würzen und weich dünsten.
- Mit den gekochten Nudeln vermischen.
- Gehackte Kräuter darüber streuen.

Anmerkung: Die Gemüsenudeln schmecken sehr gut als Beilage zu Rostbraten, Rindsrouladen und zu jeder Art von Soßfleisch. Als Hauptspeise doppelte Menge rechnen.

Gratiniertes Gemüse

40 dag	*Faschiertes*
1 gr.	*Zwiebel*
2	*Knoblauchzehen*
	Paprikapulver
	Salz, Pfeffer
	Weißwein
50 dag	*Gemüse der Saison (Karotten, Erbsen, Porree, Sellerie, Fisolen…)*
Béchamel:	
4 dag	*Butter*
4 dag	*Mehl*
3/4 l	*Milch*
1/2	*Suppenwürfel*
	Salz
	weißer Pfeffer
	Muskatnuß
5 dag	*Käsewürfel*

- Gehackte Zwiebel, Knoblauch und Faschiertes in Fett anrösten.
- Paprika und Salz dazugeben, mit einem Schuß Weißwein ablöschen und kurz dünsten.
- Kleingeschnittenes Gemüse portionsweise in kochendem Salzwasser blanchieren.
- Anschließend kalt abspülen und abtropfen lassen.
- Butter mit Mehl anschwitzen und mit Milch und Suppenwürfel aufkochen.
- In eine befettete und mit Bröseln bestreute Auflaufform lagenweise Gemüse, Ragout und Béchamelsoße füllen und mit Käsewürfeln bestreuen.
- Bei mittlerer Hitze ca. 1/2 Std. backen.

Anmerkung: Statt des Fleischragouts kann man auch gebratenen Seefisch oder nur Gemüse verwenden.

Gemüse in Backteig

80 dag	Gemüse der Saison (Schwarzwurzel, Porree, Kohlrabi, Sellerie, Karfiol)
Backteig:	
25 dag	Mehl
3	Dotter
1/4 l	Bier, Wein od. Wasser
5 dag	Butter
3	Eiklar
	Salz
	Fett zum Backen

- Gemüse waschen, putzen und nach Belieben zerkleinern.
- In Salzwasser kurz blanchieren, abtropfen lassen.
- Für den Backteig die Zutaten zu einem dickflüssigen Teig verrühren und zuletzt den Schnee unterheben.
- Das Gemüse durch den Backteig ziehen und in heißem Fett rasch goldbraun backen.
- Abtropfen lassen und nett anrichten.
- Dazu passen sehr gut kalte Joghurt-Kräuter-Soßen.

Anmerkung: Das Fett ist heiß genug, wenn sich um einen hölzernen Kochlöffel Bläschen bilden.

Gemüse-Serviettenknödel

4	alte Semmeln
50 dag	Gemüse der Saison
	Petersilie
4–5	Eier
	Salz, Pfeffer
etwas	Butter
	Mehl zum Binden
ca. 1/4 l	Milch

- Semmeln kleinwürfelig schneiden;
- Milch, Eier, Salz und Pfeffer versprudeln und über die Semmelwürfel gießen.
- Ca. 15 Min. ziehen lassen.
- Kleingeschnittenes Gemüse, gehackte Petersilie und zerlassene Butter dazugeben.
- So viel Mehl unterrühren, daß die Masse gut bindet.
- Die Masse in eine feuchte Stoffserviette einrollen; an den Enden zubinden.
- In leicht kochendem Salzwasser 45 Minuten garen.

Anmerkung: Dieser Knödel schmeckt als Hauptspeise mit Blattsalaten sehr gut und ist als Beilage zu allen feinen Soßfleischgerichten geeignet.

Feine Bärlauchsuppe

50 dag	*Bärlauch*
4	*rohe Erdäpfel*
8 dag	*Butter*
1	*Dotter*
3/4 B.	*Crème fraîche od. Obers*
1 l	*Gemüsesuppe (Suppenwürfel)*
	Salz, Pfeffer
	Muskat
1 Prise	*Zucker*

- Bärlauch waschen, abtropfen lassen und im ganzen in Butter glasig andünsten.
- Erdäpfel roh hineinreiben, würzen, mit Gemüsesuppe aufgießen und etwa 15 Min. auf kleiner Stufe kochen.
- Anschließend im Mixbecher pürieren und die Suppe mit Dotter und Rahm legieren.
- Nach dem Legieren nicht mehr aufkochen!

Anmerkung: Mit gerösteten Semmel- oder Vollkornbrotwürfeln servieren.

Löwenzahnsalat

30 dag	Löwenzahnblätter
1 kg	mehlige Erdäpfel
1	Knoblauchzehe
1 kl.	Zwiebel
	Most- od- Apfelessig
	Salz, Pfeffer
	Senf
3 EL	Distelöl

- Die gewaschenen Löwenzahnblätter klein schneiden und gut abtropfen lassen.
- Erdäpfel dämpfen, schälen und blättrig schneiden.
- So heiß wie möglich über den Löwenzahn schichten und 10 Min. ziehen lassen.
- Marinade bereiten; über den Salat gießen, locker durchmischen.

Anmerkung: Löwenzahnsalat kann man auch ohne Erdäpfel zubereiten und die Marinade mit 1 EL Topfen, 4 EL Rahm und Schnittlauch verfeinern.

Frühlingskräutersuppe

2 Handvoll	frische Kräuter (Petersilie, Schnittlauch, Kresse, Kerbel, Estragon)
1 l	Rind- oder Gemüsesuppe
3–4 dag	Butter
1	Zwiebel
2	Dotter
3 EL	Mehl, 2 EL Rahm
	Salz, Pfeffer
5 dag	Nüsse

- Die feingehackte Zwiebel in Butter anlaufen lassen.
- Die Kräuter dazugeben, mit der Suppe aufgießen und ca. 20 Min. kochen.
- Die Suppe salzen, pfeffern, Mehlg'machtel einrühren und mit den Dottern legieren.
- Die Nüsse hacken, rösten und über die Suppe streuen.

Bärlauchnockerln mit Schafkäsesoße

30 dag	*Weizenvollkornmehl*
2	*Eier*
1/4 l	*Wasser*
	Kräutersalz
12 dag	*Bärlauch*
	Salz
Soße:	
20 dag	*milder Schafkäse*
1/2 l	*Schlagobers*
16 dag	*Bärlauch*
	Kräutersalz
	Pfeffer
Zum Garnieren:	
	Bärlauch
	Parmesan
	Paradeiser

- Mehl mit Eiern, Wasser und Kräutersalz verrühren.
- Bärlauch waschen, fein hacken und untermengen.
- Teig mit Hilfe eines Nockerlsiebes in kochendes Salzwasser geben, bei geringer Hitze ca. 5 Min. kochen lassen und abseihen.
- Für die Soße den Käse kleinwürfelig schneiden und mit Obers aufkochen.
- Bärlauch waschen, fein hacken, beifügen und einige Minuten bei geringer Hitze kochen lassen.
- Mit Kräutersalz und etwas Pfeffer abschmecken.
- Die Nockerln mit der Schafkäsesoße anrichten und mit Bärlauch, Parmesan und Paradeiserspalten garnieren.

Anmerkung: Der Teig hat die richtige Konsistenz, wenn er dick vom Kochlöffel reißt.

Brennesselsuppe

1 Handvoll junge Brennesseln	
3 dag	*Butter*
3 dag	*Mehl*
1/8 l	*Milch*
1/8 l	*Obers*
2–3 EL	*Weißwein*
	Salz, Pfeffer
	Muskat
2 dag	*Butter*

- Brennesseln in Salzwasser überkochen.
- Aus Butter und Mehl eine Einmach bereiten, mit Brennesselsud aufgießen, Milch und Obers dazugeben und gut verkochen lassen.
- Mit Weißwein, Salz, Pfeffer und Muskat abschmecken, ein Stück Butter dazugeben und mixen.

Brennesselkrapfen

4 Handvoll	*Brennesselblätter*
12 dag	*Mehl*
1	*Ei*
1/4 l	*Milch*
	Salz, Pfeffer
	Fett

- Die sauberen, jungen Brennesselblätter in den dickflüssigen Teig tauchen und in heißem Fett goldgelb backen.
- Auf Küchenkrepp gut abtropfen lassen.

Anmerkung: Mit verschiedenem gebackenem Gemüse servieren.

Kräuterlaibchen

50 dag	*Magertopfen*
	(10 % F. i. Tr.)
5 dag	*Schinkenwurst*
3 EL	*feingehackte Kräuter*
	(Kerbel, Basilikum,
	Majoran, Thymian)
3	*Eier*
6 EL	*Vollkornbrösel*
1 kl.	*Zwiebel*
	Knoblauch
	Muskatnuß
	Salz

- Schinkenwurst und Zwiebel kleinwürfelig schneiden.
- Eier mit Topfen gut verrühren.
- Brösel, Knoblauch, Schinkenwurst, Zwiebel und Kräuter daruntermischen.
- Abschmecken und mit feuchten Händen kleine Laibchen formen.
- In Fett langsam goldgelb braten.

Anmerkung: Dazu gibt's Rohkostsalate nach Saison.

Kalte Dillsoße

2–3 EL	*Mayonnaise*
1 B.	*Joghurt oder*
	Sauerrahm
1	*Zwiebel*
4 EL	*Dill*
	Salz, Pfeffer
	Zitronensaft

- Mayonnaise mit Joghurt verrühren.
- Zwiebel und Dill fein hacken und unterrühren.
- Mit Salz, Pfeffer und Zitronensaft abschmecken.

Anmerkung: Diese Soße kann auch nur mit Schnittlauch oder verschiedenen Kräutern zubereitet werden.

Warme Dillsoße zu gekochtem Rindfleisch

4 dag	*Mehl*
4 dag	*Butter*
3/8 l	*Rindsuppe*
3 EL	*feingehackter Dill*
2 dag	*Butter*
1/2 B.	*Sauerrahm*
	Salz, Pfeffer
	Zwiebel
	Petersiliengrün

- Aus Mehl und Butter eine helle Einmach bereiten, mit Suppe aufgießen.
- Dill in Butter anschwitzen und mit dem Rahm in die Soße rühren.
- Kurz aufkochen lassen, mit Salz, Pfeffer und Muskatnuß würzen.

Anmerkung: Je nach Geschmack können Sie auch etwas Zwiebel und Petersiliengrün mitdünsten. Mit diesem Grundrezept können Sie auch verschiedene Kräutersoßen Ihrer Wahl zubereiten.

Buttererbsen mit Minze

60 dag	*Erbsen*
2 EL	*Butter*
	Salz
1 EL	*Minze*
1 EL	*Petersilie*
1/2 B.	*Crème fraîche*

- Erbsen in Butter ca. 10 Min. dünsten.
- Mit Salz abschmecken.
- Fein gehackte Kräuter und Crème fraîche unterrühren.

Sauerkraut, milchsauer vergoren (mit wenig Salz)

Für einen 10-l-Gärtopf:	
8 kg	*Weißkraut*
1 l	*Molke*
30 dag	*Zwiebel*
2 dag	*Salz*
2 dag	*Kümmel*
2 dag	*Wacholderbeeren*
3–4	*säuerliche Äpfel*
evtl.	*Oregano und Thymian*

- Zutaten und Geräte bereitstellen und sehr sauber reinigen.
- Kraut putzen, Strunk herausschneiden;
- große grüne Krautblätter zum Abdecken beiseite legen.
- Gehobeltes Kraut schichtweise einlegen; zerkleinerten Strunk beimengen, feststampfen.
- Zwischenlagen mit Gewürzen, Apfelscheiben, Molke und Salz machen.
- Topf nur 3/4 voll füllen (bei Gläsern mit Spangenverschluß ebenso).
- Die letzte Schichte bilden die großen grünen Krautblätter.
- Beschwerungssteine einlegen. Die Flüssigkeit soll 3 cm über den Steinen stehen.
- Evtl. mit fertigem Sauerkrautsaft auffüllen.
- Deckel aufsetzen und in die Wasserrinne Wasser geben.
- Gärzeit: 2–3 Tage bei 20°–22° stehen lassen.
  2–3 Wochen bei ca. 15° stehen lassen und danach bei 0–10° kalt stellen.
  Nach ca. 4–6 Wochen ist das Kraut fertig. (Wasserrinne muß immer mit Wasser gefüllt sein!)

Anmerkung: Dieses milchsauer vergorene Sauerkraut ist besonders leicht verdaulich und bekömmlich.

Pfefferoni, mild eingelegt

1 kg	*Pfefferoni*
1/2 l	*Essig*
1 l	*Wasser*
1 EL	*Zucker*
1/2 EL	*Salz*
	Öl

- Pfefferoni waschen, leicht in einer Marinade aus Essig, Wasser, Zucker und Salz überkochen.
- In Gläser füllen, mit dem Öl abdecken und noch warm verschließen.
- In 3 Wochen sind die Pfefferoni eßfertig.

Eingelegte Paprika

1 kg	*Paprika*
3/4 l	*Essig*
1 1/4 l	*Wasser*
7 dag	*Öl*
7 dag	*Zucker*
7 dag	*Salz*
	Pfeffer- und Senfkörner

- Paprika waschen, aushöhlen und vierteln.
- Marinade erhitzen, Paprika einlegen, bis sie glasig sind.
- Dann in Gläser geben und mit der Marinade übergießen.
- Die Gläser verschließen.

Eingelegter Knoblauch (geruchlos)

1 kg	*Knoblauch*
1/2 l	*Rotweinessig*
1/2 P.	*Senfkörner*
1	*Lorbeerblatt*
	Pfefferkörner
6–8 EL	*Bienenhonig*

- Gewürze mit Honig und Rotweinessig aufkochen.
- Geschälte Knoblauchzehen dazugeben und nochmals aufkochen.
- In Gläser mit Schraubverschluß füllen.

Anmerkung: Rotweinessig nicht mit Wasser verdünnen.

Jägergurken

ca. 3 kg	*Salatgurken*
1 l	*Weinessig*
2 1/2 l	*Wasser*
30 dag	*Zucker*
13 dag	*Salz*
	Pfefferkörner
	Senfkörner
	Thymian
	Dillkraut
	Wacholderbeeren

- Gurken in Scheiben schneiden.
- Essigsud mit den Gewürzen aufkochen.
- Gurkenscheiben im Essigsud etwas köcheln lassen.
- Noch heiß in Gläser füllen und gut verschließen.

Anmerkung: Sie können auch große Essiggurkerln in Scheiben schneiden. Gläser nach dem Füllen kurz auf den Kopf stellen.

Eingelegte Zwieberln

1 kg	*kleine Zwieberln od. Schalottenzwiebeln*
1/2 l	*Wasser*
1 EL	*Salz*
1 Bd.	*Estragon*
Essiglösung:	
3	*Knoblauchzehen*
1 EL	*Salz*
1/2 l	*Most- od. Apfelessig*
ca. 1/4 l	*Wasser*
ca. 1/4 l	*Weißwein*
20 dag	*Zucker*
1 EL	*Pfefferkörner*
3	*Wacholderbeeren*
1	*Lorbeerblatt*
1 P.	*Einmachhilfe*

- Zwieberln schälen und in Salzwasser 10 Min. kochen.
- Abtropfen und erkalten lassen;
- Zwieberln und Estragon in die sauberen vorbereiteten Gläser füllen.
- Knoblauch mit Salz zerdrücken und mit allen restlichen Zutaten zum Kochen bringen.
- Kurz aufkochen lassen, vom Herd nehmen und die Einmachhilfe unterrühren.
- Den Sud über die Zwieberln gießen und die Gläser nach dem Erkalten schließen (Schraubgläser sofort heiß schließen).

Pußtasalat

2 kg	*Kraut*
1 1/2	*Gurken*
6	*grüne Paradeiser*
2 gr.	*Zwiebeln*
3	*Kohlrabi*
2	*Karfiolrosen*
10	*grüne Paprika*
6	*rote Paprika*
6 EL	*Salz*
Gewürzsud:	
3 l	*Wasser*
3/4 l	*Essig (7,5 %)*
10 Stk.	*Zucker*
	Pfefferkörner
3	*Lorbeerblätter*
1 P.	*Einsiedehilfe*
1/4 l	*Öl*

- Gemüse waschen, putzen und sauber vorbereiten.
- Kraut, Paradeiser, Zwiebeln, Karotten und Paprika hobeln;
- Kohlrabi vierteln;
- Karfiol in kleine Röschen teilen;
- die Gurken der Länge nach halbieren, entkernen und hobeln.
- Gemüse mit Salz vermischen, über Nacht stehen lassen und am Morgen ausdrücken.
- Gewürzsud einmal aufkochen, anschließend mit dem Gemüse ca. 10–15 Min. kochen lassen.
- Vom Herd nehmen, Einsiedehilfe einrühren.
- Öl dazugeben;
- in saubere Gläser füllen und sofort verschließen.

Zucchini-Salat, eingemacht (für 6 Gläser zu je 1/2 l Inhalt)

1 kg	*Zucchini*
3 gr.	*Zwiebeln*
2	*rote Paprika*
10 dag	*Sellerie*
1/4 l	*Wasser*
1/2 l	*Essig*
3 TL	*Salz*
4	*Knoblauchzehen*
1 TL	*Senfkörner*
1 TL	*Neugewürz oder Piment*
1 TL	*Pfefferkörner*
2	*Lorbeerblätter*
20 dag	*Kristallzucker*

- Zucchini waschen und in dünne Scheiben hobeln.
- Zwiebeln schälen und in dünne Ringe schneiden.
- Paprika waschen, halbieren, entkernen und in feine Streifen schneiden.
- Sellerie schälen, dünnblättrig hobeln und das Gemüse miteinander vermengen.
- Wasser mit Essig, Salz, halbierten Knoblauchzehen, Senfkörnern, Neugewürz und Pfefferkörnern, Lorbeerblättern und Zucker in einem großen Topf einmal aufkochen.
- Gemüse beifügen und etwa 8 Min. kochen lassen.
- Zucchinisalat samt Marinade in Einmachgläser füllen, gut verschließen und auskühlen lassen.

Anmerkung: Kühl und trocken gelagert, ist der Salat einige Monate haltbar. Geöffnete Gläser im Kühlschrank aufbewahren und möglichst rasch verbrauchen.

Paradeismark

2 kg	*Paradeiser*
20 dag	*Zwiebel*
3	*Knoblauchzehen*
2 TL	*Salz*
4 EL	*Zucker*
5	*Gewürznelken*

- Paradeiser waschen, vierteln und den Stielansatz ausschneiden, zerdrücken.
- Zwiebel grob schneiden.
- Alles mit den Gewürzen ca. 45 Minuten unter ständigem Rühren kochen.
- Passieren und einfrieren.

Ketchup von Tante Friedi

1 kg	*vollreife Paradeiser*
15 dag	*Zucker*
25 dag	*Zwiebel*
1	*Apfel*
4 TL	*Paprika*
1 EL	*Salz*
1 TL	*Pfeffer*
1 Msp.	*Piment*
6	*Korianderkörner*
8	*Lorbeerblätter*
1/3 l	*Weinessig*

- Paradeiser vierteln, Zwiebel in Ringe und den Apfel in kleine Würfel schneiden.
- Zusammen mit dem Zucker langsam unter ständigem Rühren zu einem dicken Brei verkochen.
- Gegen Ende der Kochzeit die Gewürze dazugeben und aufkochen.
- Passieren und mit dem aufgekochten Weinessig verrühren.
- Alles zusammen noch einmal aufkochen.
- Heiß in Gläser füllen und gut verschließen.

Gemüsefond (ca. 1 l)

1/2 kg	*Wurzelgemüse (Karotten, gelbe Rüben, Sellerie, Petersilie)*
1 gr.	*Zwiebel*
1	*Paradeiser*
1/2 Stange	*Porree*
1	*Lorbeerblatt*
1 TL	*Pfefferkörner*
1 TL	*Senfkörner*
	Wacholderbeeren
	Kräutersalz
1/16 l	*milder Essig*
1 l	*Wasser*

- Das gesamte Gemüse grobwürfelig schneiden.
- Wurzelgemüse und Zwiebel in Öl kurz anrösten.
- Mit kaltem Wasser aufgießen, restliches Gemüse beigeben.
- Gewürze dazugeben und ca. 50 Min. köcheln lassen.
- Abseihen, mit Kräutersalz und etwas mildem Essig abschmecken.

Anmerkung: Dieser Fond läßt sich gut einfrieren und ist unentbehrlich für g'schmackige Gemüsegerichte.

Letscho

5	*Paprikaschoten (grün, rot, gelb)*
50 dag	*Paradeiser*
25 dag	*Zwiebel*
10 dag	*Speck*
	Salz
	Paprikapulver
	Oregano
	Thymian
	Liebstöckl

- Paprika entkernen und nudelig schneiden.
- Tomaten vierteln.
- Zwiebel in Ringe und Speck in kleine Würfel schneiden.
- Speckwürfel und Zwiebelringe glasig andünsten.
- Paprika und Tomaten zugeben, würzen.
- Ohne Zugabe von Flüssigkeit bei niedriger Temperatur ca. 15 Min. lang dünsten.

Anmerkung: Eignet sich gut zum Einfrieren.

Schwarzer Rettichsaft (süß) (altes Hausmittel gegen Husten)

1 gr.	*schwarzer Rettich*
ca. 2 EL	*Kandiszucker*

- Schwarzen Rettich waschen und am Laubansatz einen kleinen Deckel abschneiden.
- Vorsichtig aushöhlen;
- halb mit Kandiszucker füllen.
- Auf einen Teller stellen und an einem warmen Ort (Ofen od. Heizkörper) über Nacht stehen lassen.
- Die entstandene Flüssigkeit tagsüber löffelweise zu sich nehmen.

Anmerkung: Dieses Hausmittel bei Bedarf für den nächsten Tag mit einem frischen Rettich wieder neu ansetzen.

Joghurt-Salatsoße

1 B.	*Joghurt*
1 EL	*gehackte Zwiebel*
2 EL	*gehackte Kräuter (Petersilie, Kerbel, Schnittlauch)*
1 TL	*Senf*
1 TL	*feingehackter Knoblauch*
1 EL	*Weißweinessig*
	Salz, Pfeffer
1 Prise	*Zucker*

- Zwiebel, Kräuter, Senf und Knoblauch mit dem Weinessig verrühren.
- Das Joghurt zufügen, mit den restlichen Zutaten abschmecken und alles gut mischen.

Anmerkung: Diese Soße paßt zu vielen Gemüse- und Blattsalaten und kann je nach Saison mit Kräutern variiert werden.

Sauerrahmsoße

1 B.	*Sauerrahm*
2–3 EL	*Mayonnaise*
	Saft einer halben Zitrone
etwas	*Cognac*
	Salz, Pfeffer
	Paprikapulver
	Zucker
evtl.	*1/2 geriebener Apfel*

- Alle Zutaten mischen und rasch mit dem Schneebesen aufrühren.

Anmerkung: Für Erdäpfelsalate und Geflügel-Gemüsesalate.

Roquefort-Salatsoße

10 dag	*Roquefortkäse*
4 EL	*Sauerrahm oder Crème fraîche*
2 EL	*Mayonnaise*
1–2 EL	*Most- od. Weinessig*
	Salz, Pfeffer

- Käse mit der Gabel zerdrücken und mit den anderen Zutaten cremig rühren.

Anmerkung: Eine besonders würzige Soße für alle Mischblattsalate, die als Vorspeise gereicht werden.

Zitronenmelissenöl

2 gr. Zweige	*Zitronenmelisse*
1 Zweig	*Zitronenthymian*
bunte	*Pfefferkörner*
1/4 Scheibe	*Zitrone*
1/2 l	*kalt geschlagenes Sonnenblumenöl*

- Kräuter vorsichtig abspülen, trockentupfen.
- Mit den restlichen Zutaten in eine Flasche geben, gut verschließen und an einem dunklen, kühlen Ort 2 Wochen stehen lassen.
- Abseihen und in eine schöne Flasche füllen.

Anmerkung: Schmeckt sehr gut zu Blattsalaten und Fischmarinaden.

Estragon-Knoblauch-Essig

2 Zweige	*Estragon*
4	*Knoblauchzehen*
1/2 l	*Weißweinessig od. guter Mostessig*

- Estragonzweige vorsichtig abspülen, trockentupfen.
- Mit den Knoblauchzehen in eine Flasche geben, gut verschließen und 14 Tage an einen kühlen, dunklen Ort stellen.
- Abseihen, in eine Flasche füllen und für verschiedene Salatsoßen verwenden.

Kräuteressig

je 1 Zweig	*Dill, Salbei, Zitronenthymian, Basilikum*
1 TL	*bunte Pfefferkörner*
1 EL	*Paprikawürfel*
2	*Knoblauchzehen*
3/4 l	*Rotweinessig*

- Kräuter vorsichtig abspülen, trockentupfen.
- Mit den restlichen Zutaten in eine Flasche geben, gut verschließen und an einem dunklen, kühlen Ort 2 Wochen stehen lassen.
- Abseihen und in eine schöne Flasche füllen.

Anmerkung: Kräuteröle und -essig sind – in Karaffen gefüllt – ein schönes, originelles Geschenk.

Himbeer-Gewürzessig

1 l	*Weinessig*
10 dag	*Himbeeren*
2	*Lorbeerblätter*
	Wacholderbeeren
	Pfefferkörner

- Alle Zutaten aufkochen;
- 1–2 Tage stehen lassen.
- Abseihen und abfüllen.

Anmerkung: Harmoniert wunderbar mit zarten Blattsalaten.

Verzeichnis aller Einsender

Aiglsperger Martha
Allerstorfer Antonia
Angermeier Eleonore
Aumayr Heidi
Aumayr Michaela

Bauer Margit
Berger Hilde
Berger Theresia
Blaimschein Brigitte

Deuschl Irene
Dieplinger Paula
Doppler Helga
Ecker Sylvia
Eder Christine

Falzberger Stefanie
Fasching Käthe

Gauder Maria

Haslinger Elfriede
Haunschmid-Pühringer Eva
Heftberger Stefanie
Heiglauer Traudi
Holzinger Sonja
Hueber Irmgard
Huemer Anna
Huemer Loisi
Huemer Marianne

Jungmayr Brigitta
Jungreithmayr Gerlinde

Kellermayr Martha
Kreinecker Maria

Langmayr Paula
Lindinger Rosa
Loncar Frieda

Mach Maria
Maier Erika
Mayrhauser Hilde
Mayrhauser Theresia
Mayrhofer Hildegard
Meindl-Huemer Helene
Miniberger Margit
Muckenhuemer Brigitte

Obermair Marianne
Obermayr Gabriele

Pammer Rosa
Pichler Franziska
Pointner Aloisia
Pointner Anni
Pointner Berta
Pointner Gerlinde

Rampelt Rosi
Reindl Therese
Reitsamer Gabriele
Roitner Anna
Rötzer Maria

Sageder Renate
Schaffrath Maria
Scharinger Maria
Schickerbauer Gitti
Schwarzbauer Margarete
Spitzenberger Anna
Sr. Maria Goretti
Stadlmayr Renate
Stiefler Gabi
Stiefler Hermine
Stöbich Helga

Weinmann Cäcilia
Wenzelhuemer Katharina
Wiesinger Gerti
Wimmer Elisabeth
Wimmer Friedl
Wimmer Renate
Würmer Christl
Würmer Elisabeth

Zellinger Angela
Zinöcker Eva Maria
Zinöcker Maria

Register nach Menügängen

Vorspeisen, Salate

Suppen

Hauptspeisen

Register nach Menügängen

Register nach Menügängen

Beilagen

Soßen warm/kalt

Eingemachtes

Salatsoßen/Kräuteröl/Kräuteressig

Register

Register

Register

Die Lieblingsrezepte der Oberösterreicher

Helmut Obermayr
Schmankerln aus Oberösterreich
Kulinarische Streifzüge durch
die bodenständige Küche
Das Radio-Oberösterreich-
Kochbuch
160 Seiten, gebunden
ISBN 3-85214-572-4

Von der Erdäpfelsuppe übers Mosthendl, Blunzentascherln, Dinkel-Gemüse-Auflauf, Hirselaibchen, Polsterzipf, Jausenaufstrich bis hin zum Nußlikör reichen die bodenständigen Rezepte.

LANDESVERLAG